Mein Weg durchs Wort der Zeit

Dieses Buch widme ich dem Griechischen Philosophen HE-RAKLIT (ca. 600–540 vor Chr.) dem »Dunklen«. Auf seinen Schultern stieg ich, um in weite Fernen schauen zu können. Sein Atem wurde der meine – Wort an Wort –, sodass ich das WUNDER Muttersprache besser verstehen kann: das Meine, somit vielleicht auch das Seine.

Ich – A.W., ein stiller Verehrer

August-Wilhelm R. F. Beutel

Mein Weg durchs Wort der Zeit

Buch II

Bibliografische Information der Deutschen Nationalbibliothek:
Die Deutsche Nationalbibliothek verzeichnet diese Publikation
in der Deutschen Nationalbibliografie; detaillierte bibliografische
Daten sind im Internet über http://dnb.dnb.de abrufbar.

© 2018 August-Wilhelm Beutel
Satz, Umschlaggestaltung, Herstellung und Verlag:
BoD – Books on Demand

ISBN: 978-3-7528-9376-2

Inhaltsübersicht

OH MENSCH! GIB ACHT!
WAS SPRICHT DIE TIEFE MITTERNACHT?
»AUS TIEFEM TRAUM BIN ICH ERWACHT.
DIE WELT IST TIEF,
UND TIEFER ALS DER TAG GEDACHT.
TIEF IST IHR WEH –,
LUST – TIEFER NOCH ALS HERZELEID:
DOCH ALLE LUST WILL EWIGKEIT –,
– WILL TIEFE, TIEFE EWIGKEIT!«

MDCCCC FRIEDRICH NIETZSCHE

Die Maske: Wort

Bücherliste

1 Karl Jaspers: »Friedrich Nietzsche«, De Gruyter Studienbuch

2 Heraklit: Fragmente »Tusculum«, Artemis & Winkler

3 Leo Weisgerber: »Vom Weltbild der deutschen Sprache«, 4 Bände

4 Kant: »Kritik der reinen Vernunft«, Reclam 1966

5 Benjamin Lee Whorf: »Sprache – Denken – Wirklichkeit«

6 Friedrich Nietzsche: Sämtliche Werke, Kritische Gesamtausgabe, De Gruyter Dünndruckausgabe

Tafel der kantischen Theorien –
I. Kant (1724–1804)

Seine 12 fundamentalen Verstandesbegriffe, die er Kategorien nannte.

1 Einheit
2 Vielheit
3 Allheit
4 Realität
5 Negation
6 Limitation
7 Substanz
8 Ursache/Wirkung
9 Wechselwirkung
10 Möglichkeit
11 Dasein
12 Notwendigkeit/Zufälligkeit

**

Meine Eigenbau-Sonette verzichten am Versende (1–14) auf Kommas, um die Bindungen aufrechtzuerhalten. Bei Ausnahmen Doppelpunkt, Bindestrich und beim Atemholen einen (…) Punkt!

Einführungsversuch in das Wunder SPRACHE: WORT ...!

Die 12 Kategorien Kants sind nur der Ansatz meines Weges durchs Wort der Zeit.

Die Symbole für Licht und Dunkel vereinen sich in: Der Tag, wie Gut und Böse im Ich = Ich (Fichte) oder mein Freund das Ich auf der endlosen Reise im Wunder unserer Sprachen, die Verständigung zu suchen.

Das JETZT als Ende und Beginn im ewigen Kreislauf, dort, wo die Kategorien sich die Hände geben, im Glauben, in einem Wort zu leben.

Kriege als Dezimierung der Übervölkerung? Ist das der Mensch, oder müssen wir den Affen in uns noch überwinden, die wahrhafte Bahn Mensch einzuschlagen? Die Maske, die unser Antlitz verhüllt, sie gibt Auskunft über dein Wesen. Du nimmst sie ab: Diese Maske ist dieselbe. Spiegelwelten in Reih und Glied, bereit den Menschen im Glauben zu verwirren.

Der Nihilismus, der neue Gott ist der Glaube an Profit, an den »Willen zur Macht«. Nicht Nietzsches, der das eigene Innere uns nahebringt – in der Masse zählbarer zu sein. Darum zeugt ihr Zahlen und ihr denkt im Glauben Menschen zu gebären. Bis? Wer will ihnen, den Kindern das Glas Wasser geben, wenn die Wasserhähne versiegen?

Dann machen sie – die Menschen – wieder Krieg – so dezimieren sie weiter wie gehabt.

Auch die Affen fressen Fleisch, aber das wissen Sie ja schon! Ich flehe mein Nachfragen an, um Schillers »Unsere Sprache ist ein Wunder« endlich besser zu verstehen. An dieses Wissen möchte ich mich mein Leben lang annähern, um auch weiterhin dem Kind ein Glas Wasser zu reichen: Wort bei Wort – Mensch!

Leitmotiv zu Teil I

Der Philosoph Karl Jaspers schrieb einst:
»Wenn ich frei sein will, wenn ich mir identisch sein will, muss ich meine Herkunft irgendwie in mein Selbstkonzept integrieren.«

Mein Lebenslauf ist das Wort, musikbegleitend »romantisch-realistisch«. Die Vergangenheit als das Moment – mein Leben – in all die einzelnen Momente (der Moment) einzugliedern.

Das JETZT, die Momentaufnahme verbindet die Gegenwart – Vergangenheit, und die transzendente Zukunft anklingend, als Gliederung das Ich in die unendlichen Bestandteile WORT werden zu lassen: Plagiat!

Ich = Ich ist nach Fichte nicht einmal Anfang dieser –meiner unendlichen – der nach allen Seiten geöffneten Parallelen, die alle Blickwinkel-Rundungen auflösen, um das große Wunder Sprache zu werden.

Im Grunde ist jedes Wort wortloses Eigentum der Gehirnwindungen, wenn wir durch unsere Neuronen, die Nervenzellen, diese Plagiate aufnehmen, sie in Eigennamen umbilden, um dann in Laut und Begriff uns mitzuteilen versuchen!

Meine Herkunft ist ein einziges Wort: Das WORT. 14-jährig (Handwerkslehrling), 17-jährig (Geselle), 22/23-jährig (Meisterprüfung): Familientradition!

Klassische Gesangausbildung: Abschluss, ½ Jahr Neapel, um Caruso nahe zu sein. Krankheit rief mich zurück: Gelbsucht! 1966–1976 offizieller Gasthörer für Philosophie: Uni Hamburg. 3 Jahre – Wanderjahre berufsbedingt – Schweiz: Bern, Basel! Dort Schweizer Fernsehchor! Rückkehr nach Hamburg – Scheidung!

Um finanziell und geistig frei zu bleiben, strebte ich die Selbständigkeit im Handwerk an. Das Angebot, offiziell an der Uni Hamburg Philosophie zu studieren, schlug ich aus. Ich wollte nicht unter Brücken nächtigen, wie es nach einer Paris-Reise mir vor Augen schwebte.

Bitterste Krankheiten forderten ihren Tribut. Wortlos zog Leib und Seele sich durch den Tag. Und alle sagten mir, das ist gut so: Du hättest sowieso kein Studium geschafft. Da beschloss ich VWL/BWL zu studieren, und es gelang. Abschluss in HH, um die Mäuler der Unkenden zu stopfen! Und ich verlegte mich selber – Wort für Wort. So entstanden meine Lyrikbücher Jahr um Jahr, selbstgesponsert: Bis? Bis die Einladung nach Leipzig, DDR-Zeit, meinen Weg kreuzte und ich dort ein Stipendium annahm am Johannes-R.-Becher-Institut. Mit einem Abschluss-Diplom der Uni Leipzig kehrte ich HEIM: Literatur! … ein Poet zu sein!

So beginne ich an dieser Stelle, von der Hamburger Autorenvereinigung unterstützt, an dieser Stelle mein neues höchstwahrscheinlich wieder selbstgesponsertes Buch beim Verlag BoD in Norderstedt, um mein Selbstkonzept – LEBEN im 80. Lebensjahr – zukunftsträchtig als neue Momentaufnahme in mein JETZT einzugliedern.

PS: Unter anderem Jahre im Vorstand des Deutschen Nietzsche Kreises Essen/Düsseldorf. Außerdem Mitglied – seit Jahren – im VS und der Hamburger Autorenvereinigung.

Einführung in mein WORT

»Über den Dächern der Stadt beginnt das All.«
So sprach der Morgen mir sein Abc.
Diesseits und Jenseits sind Knall auf Fall
Kategorien: wie Wasser und Schnee.

»Gib acht«, so sprach Nietzsches Mitternacht:
Der Tag ist Teil der Ewigkeit.
Schon begann mit aller Wörter Macht
Glaube Wissen zu verdrängen: als Zeit

die im Grunde Kreise mir öffnet, so
den Segen Sprache von Geburt an zu leben:
wo das Licht sich dem Auge weitet.

Der Nihilismus, als Wille zur Macht beschreitet! Wo
bin ich? Ich stehe am Kai und schaue im Geben
wie mein Flehen übers Wasser schreitet …

… Sehen, wahres Sehen ist angesagt …!

Das Wort

1
Jeder Atemzug ein neues Fließen:
Ausgeatmet! Jedes Einatmen ist
ein neues Geschehen Leben neu zu gestalten:
Zug um Zug.

2
Einheit ist das Wort, der meine Atem.
Vielheit ist die Zweiheit: ausgeatmet!

3
In meiner Hand ein Wort. In meinen
Händen: Wörter: WORTE, eine Mehrzahl
in der Einheit!

4
Aufgehoben ist nur aufgeschoben.
Begriffe zu begreifen bedingt deinen Geist.
Willst du anfassen sie?
Dann musst du sie leben lassen, und sie
zum Leben erwecken, um sie in deinem
JETZT einzuordnen!

5
Die Bestände Wort laufen durch das Abc
wie die Mücke, die den Blutstropfen
zum Leben braucht, wie ich
den Drang empfinde, von Erkennen
zu Erkennen zu eilen.

6
Noch nie fand ich ein Wort so frei wie
jenes, das am Horizont den Tag
mit erstem Leuchten eröffnete:
Sprachlos stand ich da, und
doch ein eigenes Wort – neu – Tag um Tag.

7
Seele ist dann wahr, wenn du eines Tages still
am Fenster sitzend in die Morgensonne schaust
und die Tropfen dich an das Meer erinnern,
dann hat die Seele Bestand in deiner geöffneten Hand.

8
Wenn sich die Wörter
untereinander verstehen könnten,
dann wären Gut und Böse kein Problem.

Heidegger:»Was ist ein Moment?«
Teilnehmer:»Moment kommt von movere nominentium.«

Movere – fortbewegen ... entfernen
Moment lat. = motos, die Bewegung als Resultat.
Heidegger: seine DREI Momente
Eins = das abstrakte oder verständige ...
Zwei = das dialektische ...
Drei = das spekulative ...

Heidegger:»DER Moment hängt ab von DAS Moment, so ist damit DER Moment gemeint. Das Moment ist ein bewegendes Etwas, das an der Bewegung des Denkens beteiligt ist und was einen Ausschlag gibt. Das Moment wird zum Ausschlag, und der Ausschlag selbst ist der Augenblick, er geschieht in einem Moment. So wird DAS Moment zu der Moment.«

Dieser Augenblick ist zum Beispiel jedes Wort, das dein Lippenpaar verlässt. Du gibst das gegebene Wort ebenso mit all den Nuancen betitelt zurück. Dieser Kreisverkehr, für mich eine Diallele, wo jede seine Momente als Bilder im Innersten aufbaut.

Was kommt dabei heraus? Der Theoretiker und der Praktiker, sie verstehen nur Bahnhof. Sie steigen in die Züge ein, die in gegensätzliche Richtungen sich fortbewegen. Und in der Ferne, dort, wo man beginnt, den anderen weder hören noch sehen kann, dort beginnt man, auf dem Bahnhof heimgekehrt, wutschnaubend zu pöbeln, da jeder sein Wort allein für das »Nonplusultra« hält. Man dreht sich den Rücken zu und denkt sich jeder seinen 100-%-Teil.

Das sind unendliche Momente des Sprachgebrauches, die ich so nie und nimmer als das»Wunder unserer Sprache« ausgeben kann.

Das Moment Sprache als Einheit wird in dem Moment zur Farce, zur Glücksspirale, wo der Titelträger, der Dr., Prof., Lehrer, Politiker, Kirchenvogt usw., sich kopfschüttelnd abwendet und seinem Gesprächspartner lächelnd auf die Schulter klopft und lächelnd das sagt … was er nicht denkt …!

Das Wunder der Sprache geht nicht nur an Momenten vorbei, sondern an der banalen Gebrauchsform dieses Wunders – Sprache – auszuleben: sie zu lieben!

Das Moment wird hier zum Moment der Kapitulation. Und kopfschüttelnd geht der Wortgeohrfeigte seinen Weg und glaubt dem anderen.

Menschen müssen sich gegenseitig aufklären, im Nachfragen den Atem des anderen aufnehmen –, um in der Auslegung des Sprachgebrauchs uns eindeutig vom Affen zu unterscheiden. Das ist nicht meine spekulative Meinung, so denke ich ständig – neugeboren – nehme ich ein Wort in den Mund.

Ob ich noch Mensch bin? Manches Mal zweifle ich … und doch, ich gebe die Sprache, als Schillers sogenanntes Wunder, nicht auf. Darum diese wortlosen Zeichen … Mein Weg durchs Wort der Zeit.

* **

Zum Unterthema, die 12 Kategorien Kants
Mein Weg durchs Wort der Zeit

Für mich führt dieser Weg hin zur Auflösung aller Kategorien. Damit verbunden laufen, am Rande I–XII, meine Wörter wie in einem Kreis, bergauf, bergab,»der Weg hin und her ist ein und derselbe!«. So Heraklit.

Insgesamt eine Einheit, wenn ich den Weg als einmal gegangen als Punkt »Das Moment« sehe. Nehme ich hin und her als je einen einzelnen Weg, dann ist er nicht derselbe. Bergan ist's ein anderer als bergab, betrachte ich den Morgen und Abend nicht gemeinsam im Wort: der Tag.

Meine Blickwinkel sind in meinem Alter geöffnet, wie die Parallelen, die die Richtungen der Blick-Endpunkte befreit haben, um die Gegensätze wie Gut und Böse etc. nicht mehr einzugrenzen. Wie die Bahngleise, die um den Erdball gespannt irgendwo in der Ferne zusammenlaufen. Dorthin ist mein Sinn gerichtet, um von dort aus diesen Punkt als nicht gegeben hinzunehmen. Umkreise ich aber in dem Sinne der Erde Ball, dann komme ich an den Ausgangspunkt zurück, dort, wo meine Reise einst begann: dasselbe Wort, und doch belegt mit Zeit, Theorie wie Praxis, etwas ganz anderes! Somit bin ich beim unzählbaren neuen End- wie Anfangspunkt meiner Reise – durch das Wort – in dieser Welt gelandet.

Dann gibt es die Spekulationen Erd-(Welt-)Umkreisungen, zum Beispiel mein Wort »Übermensch« hat eine andere Bedeutung als in der anderen Muttersprache Englisch, wo man dieses Wort mit Superman übersetzt. Auch in Deutschland machte man den Übermenschen zur Herrenrasse usw.: weltweit ... Muttersprachen.

Die religiöse Weltkugel ist noch ganz anders gestrickt als die politische, vom Kapitalismus zum Kommunismus, vom Arbeiter zum Arbeitgeber ...

Und so laufen die Gleise Wort durch den Raum und Zeit. Aus dem Grunzen und Gebrüll der Urmenschen – Affen? – machte sich dieses Wunder Sprache auf den Weg die Welt zu erobern.

Ich entließ aber nach mehreren Erdumkreisungen: sprich Theorie: Studium Philosophie, Literatur, Märchen der Welt, und die Praxis: härteste Arbeit, um jetzt im Alter diese Bühne des Lug und Trugs zu verlassen, um das Wunder Schillers, so er »seine Sprache« zu hinterfragen, wo das Wunder beginnt.

Und ich entdeckte auf den Nebenstrecken der endlosen Wortwahlen den Kern, den Punkt, wo jeder Einzelne sein Wort beim Schopfe packen sollte, um das Hinterfragen zu beginnen: sämtliche Blickrichtungen zu öffnen, dem Wunder Sprache eine Geburtsmöglichkeit in seinen vier eigenen Wänden – seinem Geist – Eingang finden zu lassen. Theorie und Praxis ist stets dort Einheit, wo ich jedes Wort des anderen durch den eigenen Atem hindurchschleuse, um die kleine Wahrscheinlichkeit der Annäherung von Vielheit zur Einheit zu binden. Es wird stets NUR deine eigene Einheit sein – beim selben Wort, das zwischen euch einfloss, aber, in der Annäherung allein, in dieser Erkenntnis liegt der große Schatz, sich vom Brüllen unserer Vorfahren zu entfernen, um dieses Prunkstück Sprache selbst zu werden. Das alleine bedingt es schon aus der festgefrorenen Auslegung ständig neue Hintergründe vom Gesprächspartner zu erfahren.

Verstehen? Verstehen ist immer spekulativ, da wir mit Plagiaten – den in der Muttersprache durch Generationen hindurch geformten Inhalten – versuchen müssen alle – auch neue Wege – auszuschöpfen, um d e m näher zu kommen – zu erkennen, dass die größte Annäherung immer eine der vielen Möglichkeiten ist, dem Weg des Wortes durch die Zeit ein ständig neues Zuhause zu bieten: Plagiat auf Plagiat! Das ist mein Weg, durch mein Niederschreiben mich ständig aufs Neue zu öffnen ... Tag um Tag: Augenblick auf Augenblick: JETZT (. . .)!

... JETZT ... (. x .)

Dort, wo der Punkt (x) Einheit und Vielheit eins wird. DER Punkt in meiner Gedankenwelt, er ist umschlungen vom Rausche der Zeilen: Punkt um Punkt. Zuerst Einzelwort, ein Weggefährte für den Augenblick. Doch der Moment, den du diesem Zeichen kündigst an, ist die Unendlichkeit in sich. Aus dem Zeichen Jetzt sind die Punkte aufgeteilt, sie bieten an, im Nahbesehen, aufzugliedern die Wichtigkeit mit dem Wunder Sprache sich anzunähern, solange du dir Punkte aus der Zeit dir leihst. Doch jeder kommt an seinem Punkte an – dem letzten JETZT – einem Augenblick, so kurz und klein, dass du mit deinem Hin und Her der Worte Formel Einhalt dir gebietest in diesem Punkt. Er, der in der Klammer – fett – sagt, hier endet meine Möglichkeit der Wortverständigung. Aber dieser Mittelpunkt ist lediglich dieses neue unabkömmliche Jetzt, wo alle Thesen, Gott, Seele usw. sich in den tiefsten Tiefen des Lichts auflösen, dort, wo Sokrates sagt:»Ich weiß, dass ich nichts weiß«!

Ein neuer wichtiger Punkt, auch wenn diese Wörter dem Minuszeichen weichen weit in den Verstand hinaus, damit aber ist das Wunder der Sprache weltweit verstanden: Bewusst? Unbewusst? Du sagst kopfnickend:»Ich habe verstanden«, obwohl an dieser Stelle alle Wörter aufgelöst dem Stillstand – JETZT – sich ergaben!

Mein Nichtwissen bleibt in diesem Punkt mein Wissen allemal! Es blieb nicht einmal e i n Punkt!

Der Augenblick

Von der Sonnenwelt herab ins Tal
dem täglichen Treiben
befreie ich die Zeit im Jetzt: banal.
Ich möchte diese Texte seligst mir verschreiben

so eng gebunden an den Sprachenraum
der entferntesten Welten
dort, wo der Ruf nach meinem Traum
›im Licht des Morgens zu zelten‹

mir die Pupillen weitet
um in das Wort hineinzuschau'n.
Jetzt sah ich mich, auf jener Welle

das All umsegelnd, doch es schreitet
im stillen Jetzt: der fröhliche Faun.
Und wieder war das Wunder Wörtchen mit zur Stelle.

1
Das Zeichen »Seele« mag auf Chinesisch
auf Koreanisch nur ein Kringel sein
ein Bogen gleich der Sonne Lauf.
Und dort liegt in dem Kerzenschein
nur das gleiche Gelübde, wie Deutsch oder
Englisch – DAS, was uns Mutter eingab: Mensch zu sein.

2
Seele ist, ich will es mir einmal deuten.
Die geöffnete Hand dem anderen im Wort
gereicht, sie legt einen unbekannten Teil
von deiner Seele frei, obwohl die Seele unbekannt
dir und mir!

3
So gesehen, blieb ich stehen an der Reling
Wanten, und im Schwanken des gesamten
Schiffsgebäudes liegt die deine Seele
dir zu Füßen, wenn du auf dem Meere schaukelnd
in die Wellen schaust.
Siehst du dort deine Seele?
Das bestimmt JETZT jeder für sich
›wortlos‹ ganz allein. Möge jeder Tropfensee
Teil deines Wortes sein.

4
Wenn sich das Übel, die Gesellschaftsform
Mensch im Worte adeln könnte:
sie könnte, nur sie begreifen nicht:
jedes Wort … ein anderes Gesicht.
Selbst das DEINE ist nur Spiegelbild
der deinen Seele! Wobei Seele selbst
… auch nur ein Wort – ein Zeichen!

5
Wenn ich all diese Gesichtspunkte in ein
Reagenzglas lege und mich außerwörtlich
mit den Zeichen verbinde, dann?
Dann bleibt das alte Lied:»Wenn?« Was dann?
Dann bin ich beim Zeichen»Wenn« erneut gelandet!
Und ich beginne Zeile um Zeile neu zu verteilen.
Was kam heraus? Es waren die alten Zeichen:
Wort für Wort.

6
Welch ein Wort: Das WORT – ein Zeichen
wie die Flocke Schnee, die vom Himmel fiel.
Es schmolz dahin das Wort, die Flocke
die einfach wollt' herab ins Tal.
Wasser blieb als Zeichen. Ein ganz anderes Wort!
… Dazwischen lag nur Zeit! …

Sehen

Mein Gehör verfeinerte
sich im Laufe der Jahre.
Zuweilen sehe ich
JETZT mit ihm.

Krieg und Frieden

Gehe aufrecht in den Krieg.
Särge liegen waagerecht.
Schwarzer Humor
defiliert vor Blumen.

Sich öffnen

Erst als sich meine Hände
öffneten, konnte ich
weitergehen.

Macht, Mächtiger, Ohnmacht

Das schließt ein
»Mächtig« wurde durch das Wort
mächtiger – allein.
Ohnmacht beginnt,
wo wir Menschen uns anmaßen
göttlich … zu urteilen …!

Punkte

Wenn die Scherenschnitt-
Kante Vorderansicht ist
wird Tiefe
ganz automatisch
zur Fläche ...!

Selbst

Der Linkshänder wurde
umfunktioniert.
Jetzt schreibt er
mit rechts:
trotzdem ... Ich!

Denken und Parteien

Nationalismus
setzt immer Herde voraus.
Muss Demokratie demnach
Selbstdenken sein?

Ähnlichkeiten

Ein Engel vollbringt Wunder.
Eine Hexe: hext.
Wo
sind beider Unterschiede?

II

Speculum: Spiegelwelten

Spekulativ ist abgeleitet von speculum (Spiegel) und speculari (durch oder in den Spiegel schauen). Das Spekulative ist dann ein Verhältnis des Spiegelns mit dem Ich!

So trage ich mein Antlitz durch den Raum und schaue an all den Spiegeln vorbei und was geschah? Ich sah mich! Da kam mir der Gedanke, DAS ist doch im Grunde auch ein Spiegelbild.

»Wie kann man verborgen bleiben vor dem, was nie untergeht?« So rätselt Heraklit in sein Spiegelbild hinein. Heidegger in seinem Buch über Heraklit: »Die 2.500 Jahre, die uns von Heraklit trennen, sind eine gefährliche Sache. Bei unserer Auslegung der heraklitischen Fragmente bedarf es der stärksten Selbstkritik, um hier etwas zu sehen. Andererseits bedarf es eines Wagnisses. Man muss etwas riskieren, weil man sonst nichts in der Hand hat. So ist gegen eine spekulative Interpretation nichts einzuwenden. Wir müssen dabei voraussetzen, dass wir Heraklit nur ahnen können, wenn wir selbst denken. Wohl ist es eine Frage, ob wir dem noch gewachsen sind!«

Wie sollen wir dem gewachsen sein, wenn wir nicht fragen? Will ich Spiegelbilder auflösen, dann muss ich den Hintergrund der Scheibe vom Ballast befreien. Dann schaue ich hindurch und sehe den MACHER. Wieder ein neues Spiegelbild. Also gehe ich über in die »spekulative Interpretation«? Aber jeder spekulative Hintergrund beginnt ständig mit einem neuen Spiegelbild. Dazwischen immer ein JETZT!

»Wir können Heraklit nur erahnen, wenn wir selbst denken!«,

das bedeutet aber, zuerst durch alle Spiegelbilder hindurchzuschauen. Und wo sind wir dort? In einem neuen Jetzt, einem Moment, in dem wir, das Licht nehmend, aus dem gespiegelten Bild herausgenommen, vor unserem eigenen Spiegelbilde stehen. Und was sehen wir? Das eigene Ich – nicht Heraklit!

Ich löse das WIR auf. Dann das ICH! Dann Heraklit: wortlos, dann beginne ich ein Licht zu zünden, um einen Anfang in die Dunkelheit einzugeben! Und was bekomme ich? Ein Spiegelbild! Was muss also geschehen? Ich zerschlage den Spiegel, wie einst der edle Ritter nicht den Knoten versuchte zu lösen. Er nahm das Schwert, zerschlug den Knoten. Der Knoten war gelöst! War er wirklich gelöst? Nein! Das Gleiche ist das Problem mit dem Spiegelbild! Am Boden liegen die Scherben: Auge, Ohren, Zähne, Haarbüschel, Hals, der Schlund, der eingeben sollt' die Nahrung, um zu leben! Das Wagnis zerschlagen statt lösen war vom Knüpfer des Knotens so nicht gedacht! DER Wille zur Macht ist als Auflösung des Sichselbstfindens gedacht: zu ordnen, nicht zu zerschlagen.

Gebe ich eine Grimasse in den Spiegel ein; ist das mein Spiegelbild? Für den Moment: ja! Soll ich einen philosophischen Text lösen, löse ich ihn, wenn ich den Schrieb zerreiße? Aber bei Epigrammen, Fragmenten, da dürfen wir es machen, wie beim Knoten, der zerschlagen am Boden lag?

Aber wie öffne ich, wie löse ich ein Spiegelbild? 100 % wird es nicht, so sagte es schon Sokrates: »Ich weiß, dass ich nichts weiß«, und versuchte die Kardeele des Taues oder Strickes aufzugliedern, den Knoten zu entknoten. Und er bemerkte, dass er selbst einen neuen Knoten knüpfte; oder bemerkte er es nicht und ließ sein Rätsel offen?

»Ich weiß, dass ich nichts weiß!«, wenn ich diese Aussage tätige, dann muss ich, um diese Aussage zu tätigen, das wahre Wissen/ Nichtwissen erkannt haben! Da das nach seiner Aussage (des 100

% Erfassens) dann aber das Wissen als Gesamtkomplex erkannt haben … müsste … somit stimmt diese – seine – Aussage nur zu 99 %, da dies 1 % in dem Moment spekulativ sein muss – somit hätte er diese Aussage nicht machen dürfen.

Und schon bin ich mit dem Wort wieder beim Wunder: WORT … die Sprache!

Dieses 1 % der angenommenen 100 % …, dass wir so Heraklit nur ahnen können,»wenn wir selbst denken. Wohl ist es eine Frage, ob wir dem (DEM) gewachsen sind.«

Stiege ich noch tiefer in dieses Problem ein, dieses 1 % aufzulösen, dann müsste ich Wissen und Glauben in ein neues Spiegelbild einbauen: Dann wäre ich schon bei Teil VII–XII. Also darüber später mehr! Ausführlicher? Nein! Nur ANDERS.

… Denn? Dieses 1 % wird in dem Moment schon wieder 100 % … usw. … usw. …!

Speculum (Der Spiegel)

Jede Maske,
die ich sah,
war ein Wort.

Die Demaskierung, die dem folgte,
schloss eine neue, alte Maske ein.
Mit einer neuen Form
daheim ... allein zu sein.

Die neue Maske allen wohlbekannt:
Das Wort, im eigenen Licht.
»Was jetzt?«, fragte der Nachbar.

»In der unendlichen Parallele – Wort =
Erkennender zu sein, das Nichterkennbare
erkannt zu haben.«

Und schon war die neue Maskerade
still vor Ort: das WORT!

... und im Spiegel eine neue Maske: Dein Gesicht!

Morgenröte

Noch war die Zeit ein Wort
mir, die Einheit Sterne einzuweben
in das Lichter-Kleid vor Ort
auf einigen Zeichen davonzuschweben.

Jetzt trinke ich den stillen Augenblick.
In den Regalen blinzeln mir
die Lichtnuancen blind zerfetzt im Klick
mir fröhlich entgegen. Das wilde Tier

die Fratze gab mir neue Rätsel auf
das Sternenlicht neu zu benennen
um der Räderwelt den Rumpf

der Blickpunkte im Verlauf
als Synonym der Freiheit zu erkennen!
Der Kerker macht aufs Neu die Wörter stumpf.

Die Lichter gehen aus
und ich konnt' wieder sehen.
Totenstille häufte an das Haus:
und trotzdem – Wort-Verstehen!

So stieg die Lerche auf, obwohl
sie weiß, sie muss zur Erde wieder.
Ich weiß, ich sterbe. Und doch ist nimmer hohl
das Wort im weißen Flieder!

Klostermauern. Stille: Schweigen!
Und doch geht lichtumkost
die Zärtlichkeit durch Raum und Zeit.

Aufwärtsschwingen macht' ich mir zu eigen
und mit dem Tirilieren kost
ein Mensch sich seine Seele weit.

Im Kloster (1978)

Umringt von Licht und Stille: Schweigen.
Ein Täubchen gurrt sein Morgenlied
im alten Lindenbaum, um dir zu zeigen
es blinzelt dir morgendlich das Ried.

1. Stock dem Himmel nahe.
Weißgekalkt der Raum und kalt das Blut
windet sich die Hand entlang der Rahe.
Der stille Bereich gab mir neuen Mut.

Schreiben ist im Grunde nur ein Selbstverweilen
Wahrheiten in die Zeit zu senden.
Die Segel, wie der Lerche Flügel gespannt

so wurde das Wort zum Schweigen zwischen den Zeilen.
Logik wird von der Unlogik beherrscht. Enden
wird stets mein Wort im Horizont: verbrannt.

Mancher Aufstieg war ein Brunnenbau.
Mancher Abstieg gar ein Gipfelsturm
und das Licht bezog den Himmel azurblau.
Der Schlag ins Angesicht stürzte ein den Turm

das Augenschießen unverfälscht hinüber
zu geleiten. Das Dasein im Hiersein verwalten?
Die Zusammenfassung der Wörter wurde trüber
Axiome über Wasser zu halten.

Eine Schäfchenwolke für Momente
die Sonne verdeckt. Eine Oase – Eigen –
schafft sich den Raum

das »Dolce far niente«
in jenen Tönen einzubinden, den Reigen:
Iggdrasil, auch, du warst einst nur Baum!

DDR-Zeit

Brot, wer schneidet deinen Halm
jetzt daheim im Kinderdorf.
Transzendent ist mein Beschauen auf dem Walm
des Daches: der unsichtbare Schorf

das nahe Moor wie Seele: eingespannt!
Menschlich-allzumenschlich ist der Glaube
Punkt an Punkt zu heben an den Rand.
Dort gurret heftig sie, die weiße Friedenstaube.

Nichtzubegreifendes in Wissen umzudeuten?
Da war ich Kind, kein Wort im Sinn.
Erde, Atmen, Aufwärtsbeben.

Dann der Erde Fall: Menschen. Vorbei – es deuten
die Analysen den Glauben in ein Wort – Gewinn
sich selbst in die Altäre zu erheben!

Menschen töten Menschen: KRIEG!
Der Sieger? Auch sie – Menschen, außerhalb
von Gut und Böse! Gott wollte den Sieg!
Der erste Laut, der Synonyme unterhalb:

›Glaube besiegte Glaube‹
so das Oh und Ah der jubelnden Menge.
Kein Mensch, nur Taube
gottgeweiht: durch Worte aller Strenge.

Die Sieger bringen ihren neuen Gott
auf Wort und Bilder in die Menge.
Und sie jubeln Heil und Juhu.

Ein erster Laut der Masse im Trott:
sie wollen Wallfahrtsorte sehr, sehr strenge.
Dort war wieder das große WIR: und du?

Das Spiel der Spiele

Eingegrenzt ist jetzt dein Wachsen
Gras gemäht, jetzt bist du Form.
Du wirst zum duftenden Heu. Die Achsen?
Heugeruch wird deine Norm.

Das alte Haus wird abgerissen
die Entwicklung stellt das Mähen ein.
Selbst diese Norm, der Zar ist zerrissen.
Lenin abgesetzt. Was fand man im Abendschein:

geschnitten, gebündelt heraus?
Die Form blieb geklärt
Wörter töten auf Geheiß hinaus über alle Spiele

bis man vergisst warum der Sieg oh Graus
nur Norm der Revolten stets: so altbewährt.
Das Spiel mit dem neuen Zaren? Neue Ziele! …

1
Ich glaube, ich weiß.
Ich weiß, ich glaube.
... und es ist doch dasselbe.

2
Wenn sich Menschen die Hände geben,
welch ein wunderbares Gespräch.

3
Der eine dachte nach,
der andere wollte: nachdenken.
Sie konnten zusammen nicht kommen.
Das Wollen störte.

4
Der Unterschied zwischen Pflanze
und Mensch? Er kann ins Verderben rennen!

5
Ich kenne den feinsten Aphorismus:
Selbstbefehl! Heraklit sagt:
»Esel mögen Spreu lieber als Gold!«

Das Moment ist ausschlaggebend für den Tat-
bestand des Geschehens.
Er wird im Augenblick zum Rad
des Kreises – mit Verlaub – des Sehens

ein riesengroßes Loch im Paradigma
zu beweisen, dass das Land
am Ausgang der Parabel, den Kalmar
die Arme zu umkreisen – Hand in Hand –

um die Kraft – die Tat – in das Moment
in – dem Momente – einzugeben: Bisse
einzukerben. Dem Gegebnen

die Paradoxie, um den, der pennt
in die Diallele einzureihen in die Risse
als der Moment ins Wort mit einzuebnen.

1
Seifenblasen
Menschen reden bedeutungsvoll,
blasen Wörter auf. Dann
platzt ein buntes Wort
wie eine Seifenblase. Doch
weiter bläst der Mensch!

2
Einwände
»Töte, sonst tötet der andere dich!«
ER widerlegte sie. Er tötete sich!

3
Ganzheiten werden Hälften
Glück ist die eine Hälfte
des Lebens: Qualitäten
werden leicht Quantitäten!

4
Lyrisches
Lyrik: Wörter öffnen Hände.
Jugendzeit: stille Sehnsucht
des Alters.

5
Klar und unklar
Die Dinge lagen klar
auf der Hand: Da begann
er zu sprechen – und alles
wurde: unklar!

6
Die Menschen
»ICH bin der Herr, dein Gott!«
Menschen unterdrücken Menschen!

7
Zeitgeist

Sein ist wortlos.
Leben ist im Menschenworte
Ewigkeit!

8
Generationsproblem: Krieg
uns Alten wohlbekannt.
Jugend? Sie muss – allein –
für sich ihren Frieden finden.

III

»Philosophische Erkenntnis ist die spekulative Vernunft.«
(Kant)

S. 86: » Der Raum ist kein diskursiver oder, wie man sagt, allgemeiner Begriff von Verhältnissen der Dinge überhaupt, sondern eine reine Anschauung. Denn ernstlich kann man sich nur einen eigenen Raum vorstellen, und wenn man von vielen Räumen redet, so versteht man darunter nur Teile ein und desselben alleinigen Raumes.«

Diskursiv – von Begriff zu Begriff logisch fortschreitend. An dieser Stelle beginnt – in mir – dieses Nachfragen. Kant ist nicht vor Ort – im Raum –, nur seine Begriffe laufen mir die Türen ein. Schon stehen sie dort und blinzeln mir ihr diskursiv in den morgendlichen Kaffee.

An dieser Stelle bin ich schon wieder einmal in einem anderen Raum: Zeit! Philon von Alexandria (20 v. Chr. bis 50 n. Chr.): »Nichts bringt das Wissen seinem Besitzer durch die Theorien alleine, wenn sie nicht mit der Praxis kombiniert ist.«

Das ist das Problem, lese ich Kant. Damals 1966, als ich mit Kant, aus der Praxis kommend, in seine Sinne und andere Theorien versuchte einzusteigen. Heute, 2018/19, Jahrzehnte selbst als Praktiker durch die Theorien Kants hindurchgeströmt, hat sich – Praxis und Theorie – als Gesamtraum meines Denkens – den Raum – Sprache von beiden Seiten anzupacken: »Die philosophische Erkenntnis ist die spekulative Vernunft.« Dann sehe ich Kant an einem Spieltisch im Versuch durch Theorie an die Grundphasen der härtesten Praxen – Lebensarbeitszeit – 51 Jahre – Studium: Theorie, im 80. Jahre, beide Räume aufgewühlt als »romantischer Realist« das Leben nicht nur im Schriftbild Raum werden zu lassen.

Gehe ich praktisch wie theoretisch an die Erkenntnis Raum heran, dann entdecke ich jeden Raum mit beiden Wortbildern ständig neu. Die spekulative Vernunft ist reine Theorie, die in Praxis umgesetzt werden soll. Der Weg zur Arbeit ist ein anderer als der, der mich heute ins warme Zimmer führt – durch harte Arbeit bereitet, als jener, der in Schloten und Abgaskanälen auf eisbezogenen Dächern dahingleitet, um zwischendurch – am Abend – sich der Theorie – Philosophie – zu widmen. Die Suche nach Wahrheit, sie beginnt unbewusst, bis man im Alter merkt, wie oft Wahrheit Lüge war und manche Lüge wurde wahr, ging durch alle Räume der Zeit hindurch. Diese Allheit – Theorie und Praxis – ist der Ursprung meines Denkens, der Menschheit mit diesen BEIDEN Mitteln das Wunder Sprache Tag um Tag, Jahr um Jahr näherzubringen. Ich kann in Kants Räumen leben, da sie nicht einmal spekulativ sind. Da zum Wort der beidseitige Zugang mir erst 1966 – beginnend an der Uni HH, in zwei, drei Jahren dunkelste Gänge durchstreifend – klar wurde, warum der reine Praktiker den Nur-Politiker nicht verstehen kann – wie auch umgekehrt.

… Warum der reine Verstand nicht rein sein kann, da oft das Verständnis zum kleinen Mann, dem Arbeiter, Handwerker usw., fehlt, um das Wunder zu erwecken, was im Hintergrund, im tiefsten Glücksgefühl, unsere Sprache ist und sein kann. Ich bin auf dem Wege, das Spekulative von der Vernunft zu trennen. Denn Vernunft hat mit Spekulation nur »theoretisch« etwas zu tun.

Gereift, nicht nur durch Zeit und Raum, bewege ich mich, Theorie u n d Praxis aufzugeben, um das Dunkle als Teil des Lichtes erkennen zu können: So wie der Tag und die Nacht sich der Allheit rühmen, in aller Allheit EINS zu sein Tag bei Tag: TAG!

Allheit: Wort

1

»Macht, mächtige Ohnmacht!«
Bausteine zur Macht. Wörter?
Erst Paläste machen Pressefreiheit!

2

»Im Märzen der Bauer die Rösslein
anspannt. Er setzt seine Wiesen
und Felder in Stand.«
Meine Wiese, die Blumen
mein Acker, das Korn – Buchstaben –
fürs Brot, um im Geiste der Sprache zu leben!

3

Philosophische Erkenntnis ist
das, was dich befällt. Wahrheit?
Meist wird es Zeit allein!

4

Die Macht ist das Wort.
Mächtiger ist der Sinn:
Ohnmacht ist der Beginn,
jedes Wort vom Wort zu lösen.

5
Ich gehe ist stets eine spekulative
Vernunft: Angekommen löst jede
sich auf, da sie ja spekulativ.

6
Spekulativ aber ist dort Wahrheit,
wo die Zeit sie überrollt und durch
Macht stets mächtiger wird:
als gedacht!

7
Das Wort ist die Einheit.
Die Zahl die Vielheit.
Da begann der Morgen zu fragen:
»Und ich?
Bin ich Tag oder Nacht?«

8
Trunken ward mein Wort zum Bild an der
Häuserwand, das die Sonne als Schatten
verwarf.
Trunken meine Philosophie, aufgelöst
im Einerlei, Kategorie gewesen zu sein.

Spekulative Vernunft – Philosophische Erkenntnis

KdrV S. 153: »Indessen leuchtet doch aus dem wenigen, was ich hiervon angeführt, deutlich hervor, dass ein vollständiges Wörterbuch mit allen dazu erforderlichen Erklärungen nicht allein möglich, sondern auch leicht sei zu Stande zu bringen. Die Fächer sind einander einmal da; es ist nur nötig, sie auszufüllen!« Die Fächer sind da! Und die Fächer des Fächers sind angefüllt mit Parolen der Macht. Gesetze – Kirchendogma – Vorschriften – Lehrern, Lehrherren, Professoren, Politologen und das ganze in sich schlüssige Verfahren, wie man an die einzelnen Wörter heranzugehen hat! Glaube wird zum Wissen umfunktioniert. Parolen werden zu Weisheiten gekürt. Indessen leuchtet das Wort allein die sogenannte Wunderkraft der Sprache aus, die Schiller als Wunder anpries. Jeder dieser Wissenschaftler weiß, wie und wo dies oder jenes Wort zum Einsatz kommen soll, um das Wunder der Sprache für den Einzelnen zu vervollkommnen. Kant meint dazu S. 675: »Begriffe aber haben so einen vortrefflichen und unentbehrlichen notwendigen regulativen Gebrauch, nämlich den Verstand zu einem gewissen Ziele auszurichten.«

Das ist alles gut so! Aber? Die Ziele sind gegenüber: Pflicht, Verantwortung, Untertänigkeit, Glauben, Unterwürfigkeit usf.! Die meisten dieser Wissenden predigen ihre Theorien aus: Wo aber bleibt die Hingabe dem Einzelnen, das Wunder der Sprache zu unterweisen?

Die Praxis ist mir, das Wunder der Sprachbeständigkeit Augenblick für Augenblick aufs Neue zu erleben.

N. von Kües: »Die Spekulation oder das spekulative Denken bezeichnet daher ein Erkennen, das über die Erfahrung hinausgeht, das ihr zugrunde liegende Geistige, Übersinnliche und Göttliche gerichtet ist!«

Die Nuancen, das Ich zu gliedern in die Zwietracht, nachzufragen, um im Gespräche an den anderen sein Ich zu erreichen, das bedeutet, wenn man so will, erst das Wunder! 100 % kann ich den anderen in seinem Wort nie entschlüsseln, da selbst dein eigenes Wort nur Masse, Teil des deinen geistigen Gebens ist. Die Annäherung, darin liegt das Wunder alleine, hast du das erkannt, dann mach dich auf *den* Weg und höre nicht alleine; schmecke, fühle, rieche, atme ein den Teilmoment des anderen, um jene Basis zu schaffen, zu der wir Menschen ganz allgemein VERSTEHEN sagen.

Verstanden zu haben aber ist, das sei dir bewusst, stets nur eine Wortverbrüderung, die mit all deinen anderen Sinnen zum Teilverstehen beitragen soll. »Spekulative Vernunft«, so sagt schon die ganze Grobheit dieses Begriffes dir voraus: so Karl Marx: »Die Philosophen haben die Welt nur verschieden interpretiert, es kommt darauf an, sie zu verändern!« So schiebt sich Spekulation auf Spekulation, und der, der Neu-spekulant, hat die Lösung, die Welt zu verändern? Aber wohin? … lediglich zu einer neuen Spekulation! Das ist, meiner Ansicht nach nicht die Tiefe des Wunders, dem Menschen, dem einfachen Menschen, die wahre Kraft jedes einzelnen Wortes näherzubringen! … ich bin auf dem Wege: mein Teilversuch! …

***

»**Philosophische Erkenntnis** ist spekulative Erkenntnis der Vernunft, und sie fängt da an, wo der gemeine Vernunftgebrauch anhebt, Versuche in der Erkenntnis des Allgemeinen »in abstracto« zu machen.« (Kant)

Macht, Mächtiger, Ohnmacht.
Bausteine zur Macht? Wörter!
Erst Paläste machen: Pressefreiheit! (A. B.)

»Alle Vernunfterkenntnis ist entweder die aus Begriffen oder aus der Konstruktion der Begriffe, die erstere heißt philosophisch, die zweite mathematisch. Man kann also unter allen Vernunftwissenschaften (a priori) nur allein Mathematik, niemals aber Philosophie (es sein denn historisch), sondern was die Vernunft betrifft, höchstens philosophieren nennen.«

So flieht mein Atem hinaus in die Nacht den Tag einzufangen: Auch die Dunkelheit ist mir ein Teil der Helligkeit, in gesunden Parolen Vernunft in die Unvernunft einzugliedern, da der Neubau eines Hauses mit dem Aushub beginnt, ein starkes Fundament zu legen. Ob Keller oder einen anderen festen Grund.

Die Allheit ist hier gegeben, jeden Stein – oder das Wort im Sprachgebrauch – aufeinander zu postieren, für die Stabilität aller Einzelteile, beim Stein beginnend, um das Haus zum Heim, das Wort stets als Einheit der Allheit leben zu lassen. Ist das spekulative Vernunft? Ja und nein! Es kommt alleine auf deinen Gegenspieler an, der jeden Stein – jedes Wort – nicht zurückverfolgt. Ist eine Fensterscheibe durch Sturm und Unwetter zerschlagen, dann ist noch lange das Haus nicht krank. Dann frage ich mich, warum zertritt er jeden Stein, jede Tür; warum setzt er keine neue Scheibe ein? EINS + EINS = (2) und doch Eins. Die Vielheit ist aufgegliedert in Zahl und Wort! Der hintere Ausgang kann auch Zugang sein, weiß das auch er, der hereinkommt? Die Allheit im Wort und Zahlspiel ist Tatsache, keine Spekulation, die in sich das Haus auflöst. Die Scheibe hält … und damit das Haus …!

Wortlos gehe ich am Morgen
lächelnd in das »Große Rund«
mir das eine Wort zu borgen
ja dann, dann bin ich gesund!

Aufgeschrieben diese Vielheit
»Überwunden«
Nur ein Wort, die kleine Seligkeit?
das Lächeln zu umrunden:

Schon steh ich da
im Worte, ohne Sinn
und rufe, laut, die Sonne an

Sie, die mir ihr erstes Wort, ein Ja
als Aufbruch in den Tagbeginn
in meine Augen warf: Der Tag begann! ...

Das Wunder an sich ist nicht jene Sprache, so wie zum Beispiel Schiller sie benennt, das Wunder allein ist das Gegebene – die kleinen Zeichen – Wort bei Wort – ins Licht der Welt hineinzustellen. 100 %, so von der Zahl kann ich das Wort, das gesprochen deine Lippen verlässt – so ich – nie und nimmer nach dem Durchschleusen der Symbole – durch die Synapsen und Neuronen – zerlegen, eins zu eins zu identifizieren.

Sokrates, 600 Jahre v. Chr. sagte – dies erkannt:»Ich weiß, dass ich nichts weiß.« Und doch ging er auf den Marktplatz, um seine Welt der Worte: Recht, Staat, Religion(en), Weisheit, Liebe und Leid in seine Zeichen – WORT – zu setzen, um auszudrücken, das hinter dem – nichts – dieses Nichts, die Geschichte der gesamten Menschheit aufgebaut ist. Wie im Kreisverkehr bewegen wir die Alltagssprache»wunderunabhängig« durch das Labyrinth: Verstehen, Nichtverstehen – in dem Machtgehabe mehr als dieses Nichts zu wissen (zu sein).

Leo Weisgerber in»Vom Weltbild der Sprache« (4 Bände)« S. 195:»Der Grundgedanke ist ganz klar gesetzt: jede Sprache ist dem Sein gegenüber ein Auswahlsystem, und zwar ein solches, das jeweils ein in sich vollkommenes Seinsbild schafft. ... Damit gleichzeitig die Erkenntnis ausgesprochen, dass es in der Sprache nichts Einzelnes gibt.«

Damit gebe ich mich nicht zufrieden! Denn? Euklid sagt:»1. Einheit ist, wonach jedes Ding EINES genannt wird. 2. Zahl ist die Einheit der zusammengefassten Menge!«

Milliarden an Gehirnzellen, die Synapsen, müssen einordnen, was Wort ist und was Zahl. Demnach gibt es also doch Einzelnes in der Sprache? Ich sage Ja! Nur? Zum Beispiel: Das Wort ist zweierlei Maß. Das Wort ist einmal das einzelne Zeichen. Und das Wort beinhaltet – das Wort – ebenso mehrere Wörter (Zeichen). Darum auch DAS Wort – die Wörter ... UND ...

DAS Wort – die Worte!
***

1
Der Allheit Räume
öffnen dir Tür und Tor.
Geöffnet sie, dann stehst du
vor Mauern!

2
Pressefreiheit
In der Masse bist du frei.
Gehst du daraus hervor
bist du der Vogel … frei anbei!

3
Räume
Jedes Wort ist dein eigener Raum.
Die Sprache wird dir so zur Allheit.
Das Wort wird dann raumlos
ein Teil von dir.

4
Raum,
ein Raum kann ein einzelnes
Wort ergeben. Wobei
ein einzelnes Wort der Erde Beben
heraufbeschwören kann.

Das spekulative Denken
grenzt alle Räume ein.
Es ist das eine Beschenken:
das Haus beginnt mit einem Stein.

Das Fundament ist die Praxis: geboren.
Theorien bilden Räume
die zum Denken erkoren.
Ich sitze dort, vor dem Tor, und träume

mir die Wörter aus dem Angesicht heraus
die Tränen zu trocknen, sie flossen
in die Tagesfront

zu klären das Wunder, den Sprachengraus
zu eröffnen jedwedem Genossen
der sich im Nichtwissen sonnt.

Jede Sprache ist eine Hand
ins Leben hinein.

Kein Licht konnt' mehr
die Augen stillen,
als diesen Schrein zu öffnen.
Zu kleiden ist nicht nur

des Körpers Licht,
sondern auch die ganze
Schönheit, sie bricht hervor

wie die Arie, die der Tenor
seiner Tochter beichtet in Verdis
Rigoletto – er spricht:
»Droben bei Gott …«

Ein anderes Licht wird erfüllt
– dem Mord gesühnt –
den anderen zu töten.

Und was geschah?
Er traf sich. Wohin mit dem Licht?
»Geknechtetes Italien«:

So sah der Autor in der
Sprache der Musik
sein Vaterland!

1
Gebote
»Stehlen, Morden, Brennen«
Der Pfarrer segnet – Krieg:
erhöht die Nichtgebote
zum Gebet.

2
Sender und Empfänger
Der Hörende sollte auch
Sender sein. Gerede
alles andere …!

3
Erkennen
Erlebe Krankheit
bewusst – denn
verdrängte Krankheit
kann töten.

4
Verbindungen
Hinhören – kann – alle Sinne
über das Ohr miteinander
verbinden!

5
Das Denken an sich
Staatsfeind Nr. 1 ist der
— der denkt —
die, die lenken, meinen
für ihn denken zu müssen.

6
Zeitpunkte
Krieg. Befehl: Heldentat.
Ohne Krieg, ohne Befehl:
M o r d !

7
Machtmittel: Wort
OST/WEST, Verdummung
fürs Volk, um sich auch weiterhin
Soldatenmacht halten zu können.

8
Der Umgang mit dem Licht
Will man Licht gestalten,
dann muss man zuerst
mit Schatten umgehen können.

IV

Jede Maske bedeckt eine ANDERE …
(Realität)

Martin Buber in »Der Weg des Menschen nach der chassidischen Lehre«! »Damit der Mensch aber dieses Große vermöge, muss er erst von dem Drum und Dran seines Lebens zu seinem Selbst gelangen, er muss sich selber finden, nicht das selbstverständliche Ich des egozentrischen Individuums, sondern das tiefe Selbst der mit der Welt lebenden Person.« Diese Erkenntnis setzt voraus, dieses Selbst selbst gedacht zu haben. Hat er die letzte seiner eigenen Masken erkannt? Nicht die für die anderen – sondern all die vor und für sein Selbst? Manches Drum und Dran ist Teil des Selbst geworden, wurde teils eine zweite Haut, die abgelegt werden muss. Jede Maske ist im Wort des täglichen Gebrauches verankert. Sie gilt es sanft zu lösen. Gelöst ist sie dann nur Vorhut noch etlicher anderer Masken, die zum Teil dem Selbst schon notwendig sind. Jede Maske ist in sich schon ein Defekt des Realen, des Lebens frei, im Worte, frei zu sein.

Fühlst du dich dann von allen Masken befreit, gib acht, sie ist für die anderen dann die schlimmste, die unverständlichste, da maskenlos die neue Maske – Freiheit im Denken etc. – deine Umwelt verunsichert und sie Maske auf Maske in dir vermuten.

So trägt zum Beispiel jedes Wort so viele Masken, wie es Menschen auf der Erde gibt. Hier ist Verstehen aufgefordert in der Nachfrage, dem Wunder Sprache jene Chance zu geben, sie, die uns im Gebrauch ihrer Plagiate am Leben hält …! 100 % können wir unseren Gedankengang – der durch Hunderte Millionen Gehirnzellen floss – nicht an den anderen festmachen. Aber diese 1 bis 2 % sind die Aufgabe des egozentrischen Ich vielleicht – sie – zu übergeben, um auf dem Wege, des Verstehen-Wollens – die Möglichkeit – einige Masken – abgelegt, dem gemeinsamen Ziel, den anderen zu verstehen, näher zu rücken.

Da dieses tiefere Verstehen mit viel Zeitaufwand und Entgegenkommen einhergeht, ist das trotzdem der konkreteste Weg, dem Atem des anderen näher zu kommen: zu verstehen. »Das ist unrealistisch!«, sagen mir meine vielen Maskenträger, sie, die das Wunder Sprache so nie erkennen können.

Die liebe Zeit spielt eine große Rolle, die Aufgabe der Borniertheit, alles besser zu wissen, all das hilft nicht dabei, sich geistig durch dieses Erbe unserer Vorfahren – Muttersprache – jedem Gesprächspartner anzunähern.

… Wehe dem, der jetzt, mit seiner Maske im Arm, mit dem Kopf schüttelt …: Ich habe verstanden!

1
Jede Realität ist auch nur Maske.
Der, der sich maskiert,
entblößt nur sein Gesicht.

2
»Esel mögen Spreu lieber als Gold!«
Heraklits Realität.
Ich sage: »Es gibt auch
noch die anderen Esel.
Somit hebt sich diese Realität auf!«

3
Jahn WEWEY (1859–1952)
wird noch realistischer:
»Die Wahrheit ist das,
was funktioniert.«

4
Schau in den Spiegel
und dein Bild wird Realität.
Manche Frau ging dann zum
Chirurgen: für eine neue Realität.

Ich lese – die verzweifelte Aussage Heideggers:»Die Sprache ist viel denkender und eröffnender als wir. Doch das wird man vermutlich in den nächsten Jahrhunderten vergessen. Niemand weiß, ob man wieder darauf zurückkommen wird.«»Aus Heraklit« von Heidegger und E. Fink!

Heraklit selbst schreibt im zehnten Fragment seiner ca. 130 Fragmente in der Sammlung »Tusculum«:»Zusammensetzungen sind Ganzes und Nicht-Ganzes, Einträchtig-Zweiträchtiges, Einstimmend-Missstimmendes, und aus Allem Eins und aus Einem Alles.«

Zahl und Wort ist das leidige Thema, das dem Wunder Sprache anhaftend mitgegeben in unser Denken – mit – einfließt.

Und dort ist das Wunder Sprache in seinen Zeichen aufzutauen: Sonst bleibt das Wasser Eis, und mancher rutscht aus oder brach ein: gefunden zu haben.

»Wenn niemand Antwort gibt auf deinen Ruf, dann geh allein«, sprach einst Gandhi, und er setzte sich doch für seine (1) Heimat Indien ein: Wort bei Wort. Wissende Gläubige erschossen ihn dann, den, der »barfüßig« Wörter bis nach England trug, um frei zu sein! Aus eins mach zwei und Pakistan usw. entstand.

Für mich ist frei das tiefste Wort einer Unfreiheit, wenn man in Kategorien sein Leben versucht in Gut und Böse aufzugliedern.

Ich will n i e in meinem Leben frei sein, denn in dem Moment hört die Sprache in mir auf zu leben, und ich beginne von vorne diesen Bericht: werde Zahl, wie die Affen, die man zählt im Zoo, um das Futter zu stellen: Menge für Menge!

Auch ich nur ein Plagiat, eine Zahl …? Ja und nein! Hier setzt das wahre Wunder Sprache ein: Ich vermeide die Zahl …! Jetzt schmolz das Eis und ich ging baden … der andere, er, ertrank! Jetzt sind wir beide: frei: 1 + 1 …: Freigeschwommen durch das Wort? …

Plotin (205–270): »Das Denken und die Objekte des Denkens sind im Geist vereint, hier gibt es keinen Unterschied zwischen Subjekt und Objekt, Denkendem und Gedachtem!«
»Der Geist ist wie das Licht der Sonne, er strahlt das Eine an, mittels seiner betrachtet sich das Eine selbst.«

***

Die Feingestalt Leuchten zu erkennen
setzt ein in dem Moment
wo deine Augen geschlossen benennen
das, was nur die deine Seele kennt.

Am Aderansatz jenes großen Blut-
Gefäßes, dem wir den Namen Herz
in alle Sinne eingegeben, mit dem Mut
dies Wort trotz Leid und Schmerz

real in unsren Alltag eingebären
steht auf der Stirn:
das große Konterfei – der eingebaute Stern.

Das All zu beschenken, um die Mären
einzudämmen in das Hirn
wahres Sehen: des Herzens Kern!

Das Gelöbnis

Das Besondere am Zeitpunkt
sich zu hinterfragen
beginnt im Jetzt. Das Alter unkt
und bettelt im Selbst nicht zu verzagen.

Die Polemik Sein und Zeit
nur äußerlich zu betrachten.
Das Moment war bereit
alle Menschen zu verfrachten.

Und das Gelöbnis ich zu sein
begann aufs Neue zu trinken
jenen Geistes Nektar umzubuchen

der den Schwur treulos dem Schein
des Nichtverstehens gab den Zinken.
Das Gelöbnis war die Maske selbst: als Kuchen!

Speculum

Du schaust hinein in deine Welt
der Spiegel öffnet deine Augen
um das Sehen einzugliedern, ohne Geld
auch so ein Lächeln herauszusaugen

aus dem Angesicht, das dort lächelt.
Du bist es nicht.
Es ist dein Spiegelbild, das dir zuhechelt
ein zweites, drittes Angesicht .

Die Wahrheit ist dem Spiegel gegeben
Dein Gesicht in Wörtern einzuatmen
die du dir zurechtgelegt als Form

das Gute in dein Wort zu erheben.
Das knurrende Ungeheuer im Fauchen
nur als Gegner zu sehn: des anderen Norm.

1
Maske und Realität
Jedes Wort ist in sich Maske.
Nimmst du sie ab, ein neues Bild
liegt auf der Hand, eine neue Maske!

2
Demaskierung
Man setzt die eine Maske ab
und maskiert sich somit aufs Neue!
Erkenne das Wort, es wird
immer Maske bleiben.
Dieses Verstehen ist selbst
das Wunder: Sprache.

3
Die Annäherung
Über die Maske setzen wir eine neue: Beide!
Das ist der Impuls sich anzunähern.
Wer weiß es? Sie haben beide eine Möglichkeit
gefunden, sich anzunähern. Sie verstehen sich!

4
Die reale Maske
Jeder Maske ist spekulativ eine Grenze
durch den anderen gegeben. Was ist real?
Die Zeit, die sie überlebte!

Der kürzeste und längste Gedanke
ist das Nichtwort. Unausgesprochen
pendelt es zwischen den Lippen umher. Die Schranke
Grenzen aufzuheben, begann zu pochen.

Grassaat in meinen Händen.
Auf den kürzesten Nenner gebracht
ist dort dein Haus, wo in den Wänden
die tiefste Geschichte dir ins Antlitz lacht.

Diese Form des Sichlösens auf einen Nenner
gebracht, formt die endlosen Rillen
für die Saat, sehen wieder zu erlernen.

»In der Kürze liegt die Würze«, so der Kenner.
Er verteilt der Weisheit helle Pillen
Wahrheit und Lüge zu entkernen.

1
Demaskierung ist nur eine alte
Hülle neu aufzunehmen.

2
Dein Gesicht ist
nur das Wort, die Außenhaut
Begriffe in jene Form zu bringen
die Augen zum Sehen zu schließen.

3
Unter der Haut, dort gluckst auch das Wort
die Einheit einzureichen in den Glanz des
Verstandes als Teil des Merkmals
Antlitze einzugliedern.

4
Ich sehe hinein in die unendliche Weite
und beuge mein Haupt, dorthin
wo die Zeichen weichen, dort
ist der Sitz der Geschichte
und rollt auf ... Wort an Wort.

5
Du setztest wieder deine Kappe auf.
Aufs Neue beginnt der Lauf
die Symbole einzuholen, wie der Segler,
wenn er den Stoff nach langer Reise
einrollt und sich stellt: heimgekehrt!

6
Vor mir eine Tasse mit heißem Kaffee.
Mein Gesicht glüht. Auch so gesehen
öffnen sich Maskierte, um kundzutun:
Das offne Auge gibt den Rahmen frei
Philosophie zu gestalten.

7
Gefunden stand ich händeringend vor
der Kritik der reinen Vernunft. Das war real.
Dann hob ich die Kategorie im Speicher Buch
ins Leere. Es blieb ein leerer Raum: real!

8
Glaube
Glaube und Wissen sind immer identisch – real!
Nur das eine Wort zur Erhöhung setzt Wörter
frei, die um eine Maskerade nicht herumkommen!
Und? Jede Hülle ist hier real: RECHT!

(F. N.) »Ich habe mein neues Land entdeckt, von dem noch niemand etwas wusste, nun muss ich's mir freilich immer noch Schritt für Schritt erobern.«

***

Alle Wörter durchlebt
das Sein im Sein vergessen
behalf er sich mit Licht zu messen
eingebaut das Gegenrot: gewebt.

Das ruhmreiche Inselchen »Die Chaste«
liebäugelte im Untertone
und in der Hand die Krone
im Herzen Sonne: im Sinnen Schnee.

So gesehen war das alte Land
ein Knobelbecher mit Würfeln: Die Zahl
war gegeben, die Sterne zu zählen

um zu verstehen – Sils Maria–, den Rand
der Mühen mit Leid und Qual.
Erobern war sein Wort in allen Sälen.

Die Chaste siehe Titel. Dort ist sein Gedicht in Stein gehauen.
Sils Maria Oberengadin (Schweiz), seine Aufenthalte. Sein neues Land! … bis zum Wortverzicht …

1
Welch eine Maske, du
kühler Morgen, längst ist
die Sonne schon blinzelnd
vorbeigezogen und besonnt den Moment.

2
Räume sind vorgezogene
Beweglichkeiten, zu heilen
die Vernunft im Lustdebakel
und der Freiheit Schrei.

3
Gebrochen liegt der Pfeil am Boden.
Der Schütze zerbrach. Bevor die Sehne
sich spannte, entzweite er den Bogen.
Eine neue Realität.
Gebrochenes Holz = Leben.

4
Real ist nur das Zeichen Wort bei Wort
als Farbklecks auf dem Blatt Papier.
Das Radiergummi … xte aus – Linie um Linie.
Allein das leere Fleckchen blieb: als Raum.
Die Tarnkappe im Worte ist das Leben!

Auf der Insel in seinem Land
ist in Stein gemeißelt sein Gedicht:
»Oh Mensch! Gib acht!« und er verband
das Wort mit seinem Gesicht.

Oh helle Müdigkeit, du nahes Wehen
dies neue Land – waren – nicht Flächen
noch Land, es war ein stilles Verstehen
mit der Vielheit in Einheit zu zechen.

»Was spricht die tiefe Mitternacht?«
Der Tag war verflogen
im Minenspiel war alles gegeben.

Beim Nahbesehen war es vollbracht.
Dies neue Land war nicht gelogen:
»Der Wille zur Macht« begann sich zu regen!

1
Menschbefreiung
Die Inder befreiten sich
von der Fremdherrschaft:
HEUTE befreien sich die Sikhs
von den Indern. Bis der Mensch
sich selbst befreit.

2
Afghanistan
Kommunismus ist so lange
Feindbild, bis sich die K.
zum ISLAM bekennen.

3
Heimat
Eine »neue Heimat« versprach
man ihnen, bis …?
die Vermieter n e u wurden.

4
Zeitliches
Ab-artig-keiten
Mode-dumm-heiten?

5
Geschenke
Er schenkte Blumen,
weil Früchte ihm zu weit
gegangen wären.

6
Wortspiele
Wasser fließt hinab.
Gedanken fließen hinauf.
Soll das Denken ständig
ungelöst Waage bleiben?

7
Abhängige Begriffe
Wenn Krieg Leitbild des Friedens
ist Friede Vor-Bild des Krieges.

8
Geben und Nehmen
Die Zeit gab mir:
»Das Werden!«
Ich nehme dem Sein
meine Zeit …!

V

Symbol – Figuren (Negation)

1
Jede Zahl ist selbst in sich Negation.
Der Begriff dafür ist nur Symbol.

2
Fall ins Wort, möchte ich jedem,
der denkt, raten.
Negativ, sagt der Gelehrte,
positiv, sagt der, der das Wort herausführt.

3
Symbol ist auch der Baum.
Zum Beispiel Iggdrasil, das nordische Mythensymbol.
Negation? Nein: Baum, ein Wunder der Natur.

4
Das Ich in der Bedrängnis, in der Figur
nur Symbol zu werden? Beides Wörter.
Negation: Aufrieb der Herde
zum Nachplappern, mehr nicht ...!

Ich habe meine Figur verloren. Das ist positiv wie negativ. Von der Figur her war dieser Schritt positiv, ich war jetzt beweglicher usw.!

Betrachte ich aber die zwei Jahre, die OPs, die Torturen, den kranken Herd zu packen, darin lag Negatives – mit Verlaub – von schwerer Krankheit zu gesunden? Die Symbolik blieb an vielen Tausend Wörtern kleben, sie, die wie Blitz und Donner im selben Moment zur Erde fielen. Und da stand ich: stumm, steif, wie gerädert, und ließ den Schwall aus dem All über mich herein und versuchte über den Negativbereich in den positiven zu gelangen.

Viele Wörter, Symbole, Figuren, aus Stein, aus dürrem Astgewirr im Baum, vor meinem Fenster, begleiteten diesen bitteren Weg: und ich schrieb, bis das Herz Einhalt gebot.

In der Enzyklopädie fand das Wort Philosophie als entblößte Kategorie noch keinen Einstand, aber die Zeit machte sogar einen Engel zum Teufel: Die Figur des Engels wurde zum Symbol Luzifer = Satan usw.!

Man konnte mit dem Worte G o t t gedanklich nichts anfangen, darum brauchte man ihn – Luzifer – als Gegenpart zu Gut und Böse! Und schon hatte man selbst das Wort Gott vermenschlicht! Und die alten Trojaner-Götter konnten – vererbbar – an Menschen weitergegeben werden. Siehe Cäsar und all die Halbgötter …!

»Das Schwert liegt beim Gesetz.«

***

1
Form
Form fragt nicht, es (sie) ist
nur Symbol …

2
Die Symbolik
Wahrheit
ist im Kieselbett zwischen
schwarzen und weißen Steinchen
abgelagert.

3
In der Hängematte
liegt das Glück, die einer Hand
voll Zeit. Das Symbol ist
das Schaukeln, die
Beschwingtheit
des Gewahrsams: Selbst zu sein.

4
Zu Tisch
sprach die Magd
und das Landvolk kam und aß.
… sprach der Diktator
und das Volk stand auf
Schritt bei Schritt und ging hinaus!

Nachschlage-Werk: WORT

Welch ein Symbol, trage ich die Negation als Wort an den Sesselrand meines Denkens. An dieser Stelle kippt die Negation in den realen Bereich: Sie wurde Wort, Tatbestand! Unverfälscht steht geschrieben, das Nichts dort auf der Tafel sei ein Punkt – der Gedachte – und der Lehrer sprach das Gelöbnis aus. Er sei real! Man müsste sich Punkte eben denken. Sinnverwandt, dachte ich, ist die Form am Rande des Sprachgebrauches. »Im Selbstbewusstsein ist das Ich sowohl Subjekt als auch Objekt«, so philosophierte Schelling (1775–1845) sein Wort-Etat als Ich und Du in den Raum.

Und die Symbole flogen durch die Nachschlagewerke, um Frieden dort zu finden, wo Subjekt und Objekt sich aus dem Worte lösten, um sich gegenseitig zu befragen. War es nur der Zeitpunkt, die Differenz an Zeit, die dem Schreiber blieb, beide Symbole aus der Negation hervorzulocken, um nicht nur Figur zu werden: Subjekt als Steinmonument auf der Verkehrsinsel, wo der Ringverkehr das Hupen der Sirenen auffängt?

Wenn das Subjekt Objekt schreibt, dann fühlen sie beide sich verbunden: Hand in Hand.

Später dann ist das Denkende, Wahrnehmende = Wesen, und das Objekt nur Gegenstand!

Fichte schrieb einst Ich = Ich, und so begann in mir der Schreiber im Wort zu leben.

Das Nachschlagewerk gab sinnverwandt mir den Streit zurück, den ich anfangs zwischen beiden noch empfand.

***

1
Symbole
Der Sportverein war nur Symbol
für Freilichtgestaltung, für die Ablenkung
den Alltag nicht als Alltag zu denken.

2
Negation
Wenn die Zahl 1 sich aufgibt
bleibt die Null, bevor sie negativ
geladen in die Jagdgründe einfährt.
Bei minus 1 wird sie dann wieder
positiv, aber nur als Zahl!

3
Zahl und Wort
Das, was Zahl ist, kann immer Wort
werden. Erst im Negativbereich
übernimmt das Wort die Zahl. Das ist
spekulative Philosophie, das Licht
zu zünden, damit's auch
im Keller sichtbar wird.

4
Zahlen
Von 1 bis zur liegenden Acht (oo) ist alles
positiv. Weiter dann, wird daraus NEGATION, da
eine Grenze überschritten jede Negation die Grenze öffnet
ungedacht ein Wort zu werden. So wie das Gras im Bündel
Heu, wenn es die Kuh im Maul zermalmt.

Wohin mit dem Wunder: Wo r t ist mein spezielles Problem, begebe ich mich auf den Weg, das, was als Gefühl durch Leib und Seele fließt, in Worte, Zeichen zu kleiden.

Marx (1818–1883) formulierte ein Wort (Mehrzahl: die Worte) in so endlose Weiten, dass selbst mein Wort (das Wort) nicht reicht, dafür Zeichen bereitzustellen.

»Die Philosophen haben die Welt nur verschieden interpretiert, es kommt darauf an, sie zu verändern!«

»Ich bin der Herr, dein Gott …« usw. Dazu fällt mir ein Philosoph jüngeren Datums ein: John DEWEY (1859–1952), der von sich gab: »Die Wahrheit ist das, was funktioniert!« Also Hände an die Hosennaht. Die Partei hat immer Recht, denn eins + eins ergibt immer zwei. Wer's anders sieht, den muss man eben verändern! Alle Wahrheit wird wahr, blick ich zurück. Vorausgeschaut setzt dann die spekulative Vernunft ein, die funktioniert immer, Masse bedingt: oder nach dem mathematischen Gesetz der Zahlen …!

… dort beginnt erst das Wunder der Zeichen zu keimen: Verstehen zu verstehen: Wort bei Wort.

***

Symbole – Figuren

(K. J.) »Unerschöpflich ist dieses Studium, das das Ganze
sucht, und doch erst aus dem Ganzen heraus im Fragen und
im Ergreifen der Begriffe und Gegenstände gelingt.«

***

Die Symbolik der Symbole ist ein Zeichen
ein Pusteblumen-Hauch
den Samen zu verteilen. Weichen
stellen, dir zum Schein. Im Brauch

über das Ganze, das Unerschöpfliche
in Negation mit der Zahl
die Begriffe zu suchen. Die Stiche
in der Seele? Diese unerschöpfliche Quelle

gebärt das Fragen ein in den Sturm
das Ganze als Teil anzusehen.
Den Tag vertrösten, in der Zahl

im Schatten den Saum als Gewinn
als Atem aufzunehmen. Verstehen?
Teil in Teil: Dein Ich ohne Wahl!

(F. N.) »Es gehört zur Wirklichkeit des Menschen, dass das
tiefste System seines Denkens in zeitlicher Gestalt erscheinen
muss!«

***

Schau ich in mein Denken ein
›Symbole durchs Negative getrieben‹
male ich gedanklich fein
das Plus mit Minus zu verbinden.

Grob gerichtet ist das stille Schweigen
Gestalt an sich, da allein das Wort
Wahr und Sein ergaben mir, zu eigen
das Lächeln tiefer zu gestalten, den Ort

der Zuordnung – Symbole und Figuren –
aufzunehmen, jenes Land, noch unbekannt
im Denken als positiv gestalten:

damit das Licht in allen Kuren
nicht die Gestalt im Wort uns verbannt!
Systeme sind im Begriffe nur: Denken zu verwalten.

1
Negation wird dort positiv,
wo das Ich sich zum Ich im Wir bekennt.
So wurde der Affe Gen um Gen überwunden.

2
Unerschöpfliches Probieren, Ganzes zu
studieren? ... wobei das Ganze selbst
stets nur Teil der Gangart ist
Denken in Symbole einzujustieren.

3
Der Oberbegriff GANZES wird
in dem Moment
zur Farce, da, wo man erkennt,
jedes Ganze ist stets Teil, bis
ein neues Teil in Teil sich als
Ganzes neu gebärt.

4
Jede Frage ist und bleibt stets wortgebunden,
da das Selbst sich stetig anmaßt
selbst ein ganzes Ich zu sein. Dann kommt
es Knall auf Fall zur Frage nach dem Ich –
und schwups bist du wieder nur? EIN Teil!

Jede Zahl wird dort zum Wort, wo
die Negation am Ende.
Dort beginnt das Schattenboxen, so
wie der Begriff als Wende

sich den Raum gestaltend, aufbegehrt.
»Ich habe meine Figur verloren«
weint das Krankenbett und verzehrt
das Positive jener Töne, die erkoren

in der Enzyklopädie die Symbole
einfärbt in das eiskalte Gesicht.
Die Wirklichkeit der Menschen Gram?

Dort ist zu abstrahieren, wo das Gold, Idole
in Figurenteile bricht.
Jede Zahl wird dort positiv: ganz zahm!

1
Freiheit ist dort negativ belastet,
wo das Symbol das Öffnen der Symbole
in die Gegenwart mit jener Zahl belegt
aufzugeben, das alte Leben, nur um
frei im Sinne frei zu sein.

2
Hast du bedacht, die größte Freiheit
wird zum Symbol, die Hände zu heben,
da du erkannt, das Endprodukt
totaler Freiheit wird zum Kerker dir?

3
Alle Symbole zu veräußern
bildet die Polemik dir und mir,
das »entäußerte, sinnverwandte« Streben
gebiert den negativen Raum.

4
Frei ist mir alleine jene Welt, die
noch ungeboren mir zu Füßen
ein Gänseblümchen weben lässt:
Und schon kommt die Kuh und frisst sie auf,
das, was meine Freiheit könnte sein.

(K. J.) »Nur im Schaffen gibt es Freiheit«
spricht der Glückspatient.
So gewährt dir Licht und Schatten Zeit
»Du hörst auf – Zeitgenosse –« zu sein. Es rennt

die Zeit in großen Schritten
durch das Kiesbett, Uferrand.
Und im Winter flieht der Schlitten
durch das üppig grüne Land.

Unter Tage blüht der Frühling
in dem deinen Schaffen blüht der Kern
jede Phase wird zu Phrase

dann stellst du dein Schaffen ein. Das Ding
sich im Schaffen Freiheit zu erschaffen? Gern
stell ich mein Schaffen – als Blümlein – in die Vase.

1
Wegstrecken
Neben mir – unnahbar
liegt das Sein! »Werden«
ist allein der Weg durch die Zeit.

2
Widerhall
Ich weine meine Tränen
in die Zeit. Das Echo
ist nicht umzudeuten!

3
Reisewege
Kleine Reise: Sehen.
Hinausgehen. Große Reise?
Augen schließen ... Nach innen gehen.

4
Besinnung
Zentrum kann auch sein:
mich ganz bewusst
als Selbst zu sehn.

5
Reiseziele
Es löst sich auf mein Wort.
Auch Schweigen kann Reisen sein!

6

S. 521 »Kritik der reinen Vernunft«
schreibt Kant: »Der Regel nach
wissen wir über Recht …«
ja, was wohl? Die auf-
gestellten Regeln – meine ich!

7
Sterne im Tageslicht
Unendliches kann auch
nichterkennbar Endliches sein.

8
Augenverschließen
Er musste sich selbst
verwirren, nur um zu glauben!

VI

Das JETZT ist stets ein Teil der Ewigkeit
Jetzt (.....) (Limitation)

Limitation ist zu gut Deutsch: Begrenzung! Aber? Jede Grenze ist irgendwo auch Neubeginn. An der Grenze, dort, wo sich die Parallelen (die Gleise des Zuges – zum Beispiel –) in der Endlichkeit wie auch in spekulativen Unendlichkeiten treffen, dort beginnt real, bei den Zuggleisen, ein Weiterführen: Es sei denn, sie enden in einer Sackgasse: Bahnhof etc.

Mein Wort – Parallele – öffnet beide Räume ganz fromm und frei in einen Aufbruch, das Wunder Sprache als das Einfachste auf der Welt zu belassen! Der Grundtenor ist die Zeit! Sie, die den Mammon verwaltet am Börsen-Rund! Dort, wo aus dem Spiel der Schrei der Lust wird, zum Refugium, dem Zufluchtsort des Menschen, Glauben in Wissen umzuwandeln wie auch umgekehrt.

Ich meine hier an dieser Stelle nicht den religiösen Glauben, sondern jene Spekulation, wie es ein Philosoph ausdrückte: »Die Wahrheit ist das, was funktioniert.« (J. Dewey)

Kriege funktionieren – so sage ich. Lügen funktionieren, so sage ich weiter und bewege mich im Grenzbereich der Wahrheiten, die funktionieren. Ehen funktionieren; dieses Funktionieren ist nicht immer Wahrheit, so wie manche Krankheit zur Gesundheit führt.

Meine Welt in der Gegebenheit den Frevel Wahrheit anders aufzulösen, ist die Befreiung von Tag und Nacht in – der TAG – die Limitation, die Vielheit zur Einheit, zu machen.

Dann das Jahr, Jahrzehnte: Das Leben insgesamt. An dieser Stelle, alle Grenzen, Kategorien beiseitegelegt, beginnt, jenseits von Wahrheit und Lüge, das große Geheimnis, jenes JETZT, als Moment, als Leben, in Buchstaben einzuordnen …

(. x .) An den wahren Punkt der Einheit eines JETZT heranzukommen, könnte ich mit diesem Punkte – jetzt – Moment – als wahr bezeichnen.

Und schon bin ich beim mittleren Einzelpunkt – Moment – gelandet, der sich von der Ewigkeit als Wort nicht einmal entfernt. Meine nach allen Seiten geöffneten Parallelen nehmen diese Momentewigkeit hin als Teil meiner Öffnung vom ERGON (dem Stillstand) zur ENREGEIA (dem ständigen Fließen, sich zu erneuern etc.), um das Leben aus dem Wort Leben und Lüge herauszunehmen, selbst das Jetzt vom Jetzt zu befreien durch die Aussage Sokrates': »Ich weiß, dass ich nichts weiß.« Er richtete sich selbst, da er sein Wort seinen Gedanken über geistige Freiheit im Staat, den er erlaubte nicht zu widersetzen.

Hier wurde der Giftbecher zum wahren Recht erhoben. Damit löse ich mich von allen Legitimationen, um im Wort auf der Suche nach Annäherung Tag und Nacht zum Tage zu vereinen. »Ich weiß«, mein Wissen einzugliedern in jenen Punkt, der Leben ward, nur ein Jetzt, ein Moment des Punktes Ewigkeit: Ich ging in die Nacht hinein und befand mich doch im Tage!

(. x .) … Jetzt – …!

1
Der Punkt, noch ungesehen,
auch er ein Teil jener Reihe
der Symbolik: Ewigkeit!

2
Limitation? An dieser Stelle
ungebunden, punktefrei!

3
Auch die Ewigkeit ist nur ein JETZT
in der angewandten Form
das Wunder Sprache zu beleben.

4
Endlosigkeit ist vom Worte her
nur der Beginn, das Jetzt
zu limitieren.

5
Eingerahmt ist dieser Punkt
der Ewigkeit – ein Wort –
zwischen meinen Lippen:
separat.

6
Auch in deiner Hand ein Wort?
Halte es fest, auch ES ein Teil
des großen Wunders der
Spekulation Vernunft.

7
Ewig ist nicht der Mensch, nur das Wort,
dieses Symbol des Jetzt
in jenem Augenblick zu packen,
wo das Moment den Moment ersetzt.

8
Jetzt! Und die Glöckchen stimmen ein
den neuen Tag. Mag sein, es
könnte meiner sein – im WORT!

(F. N.) » Und immer mehr sehe ich ein
dass ich nicht mehr unter Menschen passe.«
Sehe ich den morgendlichen Schein
der Welt im TV, dann verlasse

auch ich den Gesamtplanet
um zu verweilen im luftleeren Raum
der all mein hastiges Atmen versteht.
Es räuspern sich wedelnd die Blätter im Baum.

Nicht dass ich Übermensch möcht' werden
mehr als diese Wesen dieser Welt?
Nein nur beim Dröhnen der Kanonen

im Raketenstaub Hamburgs Feuerherden
II. Weltkrieg – Kindheit überlebt. Das Zelt
geschützt in meinem Wort beginnt zu thronen.

Empedokles: » … wenn man seine Ohren aufmacht, sagen sie alle dasselbe.«

***

»Alle« als die eignen gedacht
dann beginnt das Wort in sich
zu lösen. Und wenn man trotzdem lacht
vergibt sich nur das Ich

zu bekunden »Dasselbe« bleibt Einheit
bis man das Licht zerstückelt.
Alle – meine Ohren –, deren Zweiheit
bedingt das Musische das umwickelt

mit dem Abc die Worte, Laute gestalten:
nimmt alle Sinne ein in die Ohren! Alle sie
die das Gewitter nicht im Blitz alleine

über sich ergehen lassen. Das offene Gehalten
der Donner – Laute – ist nur das Vieh
auf der Weide. Ohren ohne Kopf und Beine.

»Alle« im Geleit zum Fließen.
Sie, die anderen auf Straßen und Wegen
mit denselben (den gleichen) Schätzen dem Gießen
wägen ab, ob Laut oder die Stegen

der Stufen zum Geleit der Vielheit
in der Zahl 1 die Auflösung erreicht
zu filtern das Wort zur Einheit
zurück, um das Fließen, der Titel eingeweicht

über die Muschel am Kopf ins Leere leiten
soll. Wenn ja? Dann sind alle Worte dasselbe
ein Scharmützel aus Zorn und Lust zugleich.

Und? Am Ende ist das JETZT, im Gleiten
wie der Sonne Strahl, der gelbe
macht die Vielheit für »alle« weich!

1
Limitation das Gegebene
das Eingegrenzte
jenes und dieses: Ein Wort!

2
Der Moment das Wort zu begrenzen
zerplatzt
im ersten Ton,
wo das Moment im Jetzt
sich brüskiert (1) zu sein:
eine Zahl.

3
Ein Wort, jedes, das wir nehmen
und auch geben,
gebiert im Lippeneinerlei
nur ein flatterhaftes Unterfangen
in den Atem des anderen hineinzugelangen.

4
Ich stehe vor vier (4) Mauern: (1) Wort.
Jeder Stein löst auf den Stein.
Der Trugschluss dort, das Fenster:
Du schaust hindurch, nie hinein.

»Die Freiheiten des Sichselbstherbringens
sind nichts anderes als Schaffen.«
So sprach Jaspers, als er trotz des Singens
musste sich machen zum Laffen.

Seine Frau, eine Jüdin, verließ das Deutsche Reich
nachdem er seine Stellen den Nazis vergab.
Seiner Heimat Deutschland blieb er treu. Weich
sind meine Knie bei dem Gedanken, auch fernab

der Zeit, die ich als Kind dort durchlief.
Er blieb, er liebte seine Heimat und seine Frau.
Sie harrte aus in der Schweiz – neutral.

Und aus war der Krieg, da kehrte sie heim: Der Brief
färbt mir heute noch den Himmel blau.
Liebe, der seltsamste Weg, des Lichtes Gemahl.

Mein Weg durch die Morgenröte, die Maske: Wort

Mein Weg durch die Morgenröte
ist der heiße Weg durch Tag
und Nacht, zu gebären jene Flöte
die der Amsel Töne sie mag.

Jetzt, der Moment war gekommen
Limitiert war der Gedanke Lexikon
dort wo die Zeichen, alle genommen
für den ihm heiligen Abaton

alle Hände auszustrecken
in das azurblaue Licht
das gekörnt im Morgenrot

im Gedanken limitiert in Hecken
an der Wege Raine das Rosarot bricht.
Wir – das Du im Ich in einem Boot.

»Die Erkenntnis hat den Wert
die absolute Erkenntnis zu widerlegen.« (F. N.)
Dieser Gedanke ist mir tiefstbeschwert
ihn auf die Goldwaage quer zu legen.

Dies Resultat hat in sich den Hintergrund
die totale Erkenntnis durchgangen
um am Ende der Füße wund
von der Erkenntnissuche zu gelangen

an jenen Ort sich selbst zu widerlegen.
Im Sein das Nichtsein zu erkennen?
Frohen Mutes zu offenbaren

das Erkennen im Erkennen blind zu hegen
als jenen Satz des Nichterkennens, zu nennen
1 + 1 = 2. Erkenntnis erklimmt den Berg in Scharen!

»Die Melodie unseres Lebens ist
bedingt durch die begleitenden Stimmen
der Vergangenheit.« Dilthey vermisst
das ausgegebene Verlangen zu trimmen

das eigene Fell – der Ahnen Glanz –
einzukreisen in das Geleit
das »musische Erkennen« im Tanz
der Frühblüher am Rain zu zweit

in Augenschein zu nehmen.
Früh geboren, Mitternacht vorbei
ist die Vergangenheit ein Schloss

mit Turmuhr und gesetzt bequemem
Mobiliar. Doch jene Zeit im Worte ist entzwei.
Die Energeia forderte ihren Tribut. Und ich genoss!

»Ja ich weiß, woher ich stamme«
und ich schmiege mich ans Wort: Daheim
»ungesättigt gleich der Flamme«
finde ich in mir den Feuerkeim

das losgelöste Unterfangen
»glühe und verzehr ich mich«
viele Blüten sich um Texte rangen
»Licht wird alles, was ich fasse« dich

erküre ich zum Sehen meine Wörter zu verstehen
»Kohle alles, was ich lasse«
»Flamme bin ich sicherlich.«

So ergibt sich Friedrich Nietzsche in sein Gehen
befiehlt den Raum sich nicht zu hassen
»Der Wille zur Macht« des Menschen: Nadelstich!

1
Das Wissen, um zu glauben
Lasst glauben, dann glauben sie
zu wissen, um sie dann
alles glauben zu machen.

2
Ausgesuchter Anfang
Demokratie ist Beginnen.
Diktatur immer Enden.
Doch das Ende kann mit
Demokratie beginnen!

3
Versuchskaninchen
Siehe an den Tieren in den Käfigen
den Gesundheitszustand
der Menschen.

4
Perioden
Macht ist Anfang. Es folgt
Revolution mit ihrer
neuen Macht.

5
Generationsgerede
»Ein Mann weint nicht!«,
sagte er, der durch ein
Weinen, ein einziges Weinen
genesen könnte!

6
Schreie
Macht ist: »laut, lauter,
am mächtigsten.«

7
Zweikämpfe
Denken schlösse Kriege aus,
weil immer sich nur zwei
bekämpfen. Hinter IHNEN
die Herden ...!

8
Irrtümer
Ich meinte Nichtwörter.
Und sie verstanden (...)
Schreie!

VII

Kriege, als Dezimierung der Überbevölkerung

Um mächtiger als die anderen zu sein – so die Demokratie – zählen die Stimmen. Also muss gezeugt werden ... Mensch an Mensch! Asylanten alle rein, jede Stimme zählt. Asylanten nicht als unmenschlich gedacht, sondern nur als Zahl, als Stimme! Betrachte ich die Überschrift genauer, dann wird mir, menschlich gesehen, übel, aber? Wir müssen dieses Problem einmal offen auf den Tisch legen. Zahlen, nicht Menschen. In Schwarzafrika verhungern Tausende. Menschen oder Zahlen? Nagasaki, Hiroschima: Zahlen! Gebiete auf der Welt; dort wird das Trinkwasser abgemessen. Sie verdursten. Das war immer so. Aber seit der Digitalisierung weiß man an jedem Eckchen der Welt, wo, wie, was geschieht. Lehmhütten im Busch, ich sah sie in Kenia. Sie bekamen den Fortschritt auf die Lehmhütte installiert: Solar war das große Wunder. Der Reporter fragte ein kleines Mädchen – im Busch – dort in Schwarzafrika, warum es unbedingt nach Deutschland wolle:»Dort gibt es jeden Tag etwas zu essen!« Schon sehe ich am nächsten Tag in der Abendschau zu Strichen abgemagerte Kinder, die mit tränenden Augen um Hilfe bitten. Spenden müssen gesammelt werden, um diese Millionen hungernden Menschen – weltweit – zu unterstützen. Kommt das Geld dort an?

Die Flucht übers Mittelmeer, dort muss man doch helfen. Die Kinder schreien, wir müssen menschlicher werden und spenden, helfen – und sie, die Herrscher, bauen sich Paläste. In einigen Ländern bekommen 12-, 13-jährige Mädchen, zwangsverheiratet Kind auf Kind, und sie dann 12-, 13-jährig ...? Usw.!

Überdüngung der Böden, durch Massentierhaltung. Medikamenteneinsatz, um mehr Fleisch zu erzeugen; und hat man dann alle Hungernden wieder langsam aufgepäppelt, Krankenhäuser als Spenden in die Welt versandt, dann ist zu wenig Wasser und Nahrung vor Ort. Man bildet Banden und plündert. Dann gibt es K r i e g und man dezimiert.

Wann fängt der moralische Mensch endlich wahrhaft an zu denken? »Hinter dem Gesetz steht das Schwert!« So wie M. Foucault hält man an der Züchtung Mensch fest, da die Zahl die Macht bestimmt. Also wird wieder Krieg gemacht. Wann beginnt endlich der ganz normale Weg, Kriege abzuschaffen? Wie? Mit der Geburtenregelung. Dem Verbot der Inzucht, um Familien zählbar zu erhalten usf.! Aber es ist ja einfacher im Krieg, das, was eigentlich für alle Glaubensrichtungen heilig ist, der Mensch: Er wird abgeschlachtet. Gesegnet durch die Kirche: Der Krieg! Sieg Heil, und weiter schreiten die Übermassen dorthin, wo es noch Raum gibt zum Leben: Europa!? Töten ist heute schon heilig geworden. Selbsttötung? Wenn Gott gegen Gott, sich die Menschen abschlachten, wann endlich merkt der Mensch, dass das, was im Grunde das Göttlichste ist, das Blühen einer Wiese usw., sie der Blindheit verfallen sind irgendeinem Wort – Maske an Maske – nur der Macht wegen das Unmenschlichste hervorholt: zu töten! Der Mensch in mir starb schon als Kind, als ich Hamburg in Schutt und Asche fallen sah. Und nur die Gänseblümchenwiese bei den Großeltern hinterm Haus ließ mich – auch heute noch – etwas von dem Wunder gelten, was sich L e b e n nennt.

***

1
Hiroschima, Nagasaki?
Noch Fragen? N e i n!

2
Ich ging betrübt durch die Abendschau
im TV.
Was blieb?
Mensch? Oft nie!

3
Die Gewährleistung auf Frieden
ist alleine das große Übel:
Der Friede!°

4
Jetzt brüten die Wissenschaftler schon
wieder neue Bomben aus.
Gewaltiger, mächtiger!
Wann fangen wir endlich
mit der regulären Geburtenregelung an?

5
Die Kirche?
Sie schickte uns ständig
neu gesegnet
in den Krieg!

6
Mein Krieg ist allein das Wort!
Wo es beginnt? Friede und Kriege
aufzulösen, da wo sie stets einander bedürfen!

7
Krieg?
Jeder Krieg ist nur Teil eines neuen Friedens.
So wie auch umgekehrt.

8
Geburtenkontrolle ist dem Wort
Glauben: Tabu! Der Mensch ist wichtig?
Nein, die Zahl, die Masse, sie, die die Macht
in die Kriege sendet: zu
dezimieren, damit der Speiseplan etc.
wieder funktioniert, das ist alles WAHR,
weil es war … gewesen! …?

A

(K. J.) »Das Positive kann nicht ohne das Negative geschehen,
weil das Positive nur auf dem Wege über die Negation gewon-
nen wird.«

***

Jenseits aller Kategorien
gibt es eine Möglichkeit
zwischen all den Melodien
dem Bösen der Zeit

alleine im Wort zu erkennen.
Ob das Wort, das die Lippen beben ließ
Gut und Böse zugleich ist zu benennen?
Auf dem Wege zum »Goldenen Vlies«.

Mögen alle Bälger der Schafe
golden glänzen wortgeleitet.
Zerschlissen sie doch nur die Bilder

der meinen Gedankenwelt. Ich schlafe
die Gegensätze aus: meine Zeit?
Liegt Jenseits der Gut- und Böse-Schilder!

B

Manches Negative ist den anderen Plus.
Er tötet im Glauben.
Wer gab ein die Gottheit – Allmacht, den Gruß
Himmelsreich muss töten sein. Die Tauben

Wesen in der Allmacht sich selbst zu erlesen
den Grundbegriff gut als böse zu gestalten.
Mag die Allmacht Glaube stets das Wesen
aus der Sicht des Lebens verwalten.

Im Sinne außer Wissen – und Glauben das Seelen-
Gespür zu Tage treten zu lassen.
Auf der Mauern Simse das Blau

des Himmels zu trinken. Leben nicht zu stehlen
Glaube in Wissen umzuwandeln auf göttliche Gassen
zu bauen den eigenen Kategorien Bau.

1
Als ich – Kind – durch die Glut
meiner Heimatstadt schritt. An der Hand
Mutters auf zur Flucht
nach Mecklenburg, da lag die Stadt
in Glut vor dem Kinderauge.

Menschen durch Bomben dahingemetzelt.
Zu Tausenden in den Tod getrieben.
Kriegsgefangene, lebende Beutetiere,
die gen Osten zogen.
Kants Kategorie: Substanz fiel mir ein,
sollte das wirklich noch menschlich sein?

2
Oder war der Mensch noch Gen-gefesselt
dem Urbild Tier erlegen? Töten? Ja! Das ist
christlich und heilig in anderen Religionen.
Substanz ist mir hier gleichgesetzt mit
der Kerbung: Verstand. Manches Mal ... die Substanz!

3
Kriege, welch ein Gejohle, es geht für Gott und
Vaterland zu siegen. Im »gleichen« Schritt
hinein in die Dezimierung: Überbevölkerung
müsste man eigentlich anders regeln.

4
Oft ist auch der Schrei ein Wort. Oft ist auch die
Stille ein fürchterlicher Schrei!

C

»Jede höhere Kultur hat angefangen
mit Barbaren«, so der Philosoph in seiner Form
den Übermenschen proklamieren! Mitgefangen
sprach das Volk, das ist so die einfache Norm.

Heute, so sie, die Philosophie
sind die Barbaren überwunden.
Und ich nehme meine Hand, die Regie
führte, mich zu verstehen! Gebunden

liegt vor mir das Tal, das ich durchgangen:
II. Weltkrieg, das war so noch Barbarenland?
Heute sind wir dank der Religionen

barbarenentfernt. Und ich schau mit bangen
Gefühlen Richtung Russland, Syrien, USA, und verstand
mich anfangs als Barbar, im Outback zu wohnen.

D

Überbevölkerung als Substanz
den Affen zu überwinden?
Diese Klarheit ist gebunden ganz
und gar sich menschlich zu erfinden.

So entstand die Übermacht.
Die Barbaren fielen ein in das Tal.
Und wir? Dem Geiste hörig, wacht
die Nacht zum Tage, für die Wahl

das 1 x 1 aus der Negation hervorzuholen.
Gang und gäbe, ist die Meinung außen vor.
Damit das Licht den Flecken wird ertragen

aus dem Sturmgefühl die Kohlen
aus dem Feuer zu holen. Und im Tor
steht der Übermensch! ... noch Fragen?

E

Ungeboren, wie das Wort am Morgen
ist der Gordische Knoten heimgekehrt
in das Licht, Inhalte zu besorgen
für Gesetze, die das Licht verzehrt.

Heute erreichte mich dieser eine Sinn.
Der Erde Glut: Menschenflut.
Und ich begann im Denken zu sehen den Gewinn
Sternenlicht, gab mir heut' neuen Mut.

Wie viel Stille ist im Reden, schweigt das Wort.
Der Stern ist tot: verlassen.
Heute sagt man still, ganz präzise

Stacheldraht hindert den verborgenen Ort
sich zu offenbaren. Zurück zum Bild der Massen.
Ich sitze ungeboren im Wort auf meiner Wiese.

F

Wenn ich den Sand so betrachte, dort
wo er und ich geboren.
Nackte Erde ruht in meiner Hand – Rapport
die Geburt als ein Sehen, verloren

die schwarze Lava im Sommerlicht verdorrt.
Milchig weiß das gebrochene Präzisere
das mir den Morgen im Akkord
die Sprache nahm. Das Gefiedere

im Dunkel des Himmels blies mir
ein Sandkorn ins Angesicht.
Der Schuh, der durch Afrika trottete

um Stacheldraht und Leben im Visier
das Gedachte zurück an den Ort des Jüngsten Gerichts
dort, wo zu Recht der Sand mich verspottete.

G

Substanz und Dezimierung

»Die Wahrheit ist das, was funktioniert.« (J. Dewey)
In Schwarzafrika verhungern die Kinder: Unterdrückung!
Wenn die Restwelt endlich Nahrung schickt, dann funktioniert die Überbevölkerung auch weiter: besser und schneller!
In Syrien schlachten sich die Menschen gegenseitig ab: Krieg!
Es werden Schulen, Krankenhäuser gebraucht: Die Welt klagt an! Wann endlich kommt Hilfe! Sie schießen weiter aufeinander: Das funktioniert!

Jeder Glaube hat eine wortlose Tiefe, das zu erkennen, das funktioniert nicht: Denn dann muss man sich Zeit nehmen, nachdenken usw.! Dazu funktioniert wieder der Glaube zu glauben, wobei Worte und Bilder in den Raum gestellt werden – Sie – die funktionieren – sollen –

Dann rottet man sich zusammen: zum Beispiel Glaubenskriege! Wort bei Wort wird Bild und schon funktioniert der Krieg aufs Neue! Ist dann endlich einmal Frieden eingekehrt, dann gibt man das Denken wieder auf ... und alles funktioniert.

Substanz ist das Ganze. Dezimierung ist: funktionsbereit sich zu beschwören, Wahrheit erkannt zu haben! ...

1
Maßvorgaben
Kleine Strecken abgesteckt
sind auch Ziele, dem Großen
näher zu kommen.

2
Wege und Ziele
Wege gibt es viele! Ziele! Wenige!
Dann trampeln viele: Wege. JETZT
gibt es endlich Ziele: Viele!

3
Theorie und Praxis
Auf der Bühne: Wörter!
Auf der Straße: Inhalte!

4
Zählmittel: Zeit
Vergleiche »die Zeit« mit Gold:
»Sie« ist nur (Zahl-)Zählmittel
der vielen Relationen.

5
Wo fängt der Himmel an?
Ich liege im Grase. Bei einer Kugel,
so die Erde, ist alles, was über dem
Boden kreucht und fleucht:
im Himmel. Also liege ich im Grase
in meinem grünen Himmel-Bett!!

6
Recht funktioniert
nicht ohne irgendeinen
»Willen zur Macht«.
Hier kommt ein anderer Wille
zum Tragen – Recht zu haben!

7
Recht wird:
gesetzt, der Allgemeinheit
als – EIN – Wahres gegeben:
Alles andere ist Unrecht!!

8
Vorausschauend
beginnt der Zirkel-Schluss.
Glauben und Wissen,
als mir aufgelöste Kategorie.

VIII

Das Wissen, nichts zu wissen, als Demaskierung »des Willens zur Macht!«

1
Aus dem Wissen wurde Macht
aus der Macht auf demselben Wege: Wissen!
So gesehen ist die Maske, die dort lacht
nur die müde Regung, das zu müssen

was das Leben ins Gelöbnis offenbart.
So, unerfälscht das Wissen zum Titel führt.
Am Wendepunkt das Wissen ganz apart
in das Glaubensbündel auszugießen. Da rührt

das gläubige Mütterchen den Urnentopf
als Phase sich selbst zu beleben
das gläubige Wissen im Glauben nicht zu missen.

Und irgendwo fällt das Fallbeil, und alles lacht
das Wissen hinaus, die Macht zu erheben
damit Glaube das Wissen wird nie vermissen!

Albert Einstein (1879–1955): »Der Mensch ist ein räumlich und zeitlich begrenztes Teil eines Ganzen, das wir das Universum nennen. Er erfährt sich selbst, seine Gedanken und Gefühle als etwas vom Rest Getrenntes … eine Art optische Täuschung seines Bewusstseins.«

Ist die optische Täuschung des Bewusstseins die Selbsterfahrung? Räumlich und zeitlich sind spekulative Unendlichkeiten, das Universum, das Nichterkennbare – durch Zahl – durch alle Negationen der Mathematik hindurchgeschleust angeblich bekannt zu machen.

In den Wahrscheinlichkeiten der Mathematik kann ich, als Teil dieses NICHTS, mich als Zahl – positiv wie negativ – einordnen und schwebe mit allen erdenklichen Kategorien durch das All.

Was der Mensch wirklich ist? Teil ja, ich kann sie zählen. Das sagt mir, dem Menschen, über seine Gedanken und Gefühle herzlich wenig aus! Das Wissen, nicht zu wissen, bekommt hier eine prägnante Möglichkeit über das Nichts, durch die Zahl an sich. »Der Wille zur Macht« ist die größtmögliche Bevormundung oder einfach die Tatsache, mit offenem Mund – als Mensch – vor diesem All zu stehen. »Der Wille zur Macht« gibt der Möglichkeiten viele dieses Wort auszulegen. Für mich schwingt ganz normal dieser »Amor Fati«, ich liebe mein eigenes Schicksal, um als Mensch den Menschen im Gefühl der Sinne zu leben: mich! M. Foucault: »Niemals wird die Psychologie die Wahrheit über den Wahnsinn sagen können, weil im Wahnsinn die Wahrheit der Psychologie beschlossen liegt!«

Dieses Niemals ist auf demselben Boden zuhause, wo das Universum im Wort verdeutlichen soll, Teil oder Ganzes zu sein! Wahr wird an dieser Stelle zum Schlüssel, das Nichts mit Nichts zu identifizieren, dort, wo der Kreis in sich selbst beschließt Kreis zu sein. Wenn Wahnsinn dieser Ringe der Wortgeburten sein soll, dann schließe ich die Tür und schließe

wahr/unwahr als gegebenes Symbol geistiger Spiele ein, den
Willen zur Macht ausgerufen zu haben, dieses Delikt aufzu-
lösen, Wahnsinn erkannt zu haben!

1
Demaskierung als eine neue Maskerade ...!

2
Diese Maske bedeckte nicht einmal seine Augen!

3
Maske, ist der Vorfrühling, die Knospen zu öffnen!

4
In der Trunkenheit der Demaskierung vergaß er, wer er war.
Hier wurd' diese Wirkung zur Ursache!

5
Die Ursache war es, ein Wort zu finden die Wirkung einfach
einzubinden.
Jetzt wurde die Linie Zahl – negativ wie positiv.

6
ER wirkte auf mich anfangs wie ein Mensch!
Dann begann er zu reden.
Und ich erschrak!

7
Das Leiden der Ursache ist meist, wenn nicht gar
immer die Wirkung – gewusst zu haben, wer siegt:
Aber der Sieg war wichtiger! Jetzt leidet er echt!

8
»Ich weiß, dass ich nichts weiß«, sprach ER, den
man zum »weisesten« Menschen machte. Dafür
musste er sterben. Er ging.
Er war sich seiner Wirkung bewusst!

9
Nichtwissen zum Wissen werden zu lassen,
wer kann das – hochgebildet – auch
schon über sich ergehen lassen.

10Mein Wissen ist viel, viel kleiner.
Und doch verstand ich verstehen zu wollen:
das Körnchen Land im Sand!

11
Oh Schreck:
Welch ein Waffe: Das Wort!

1
(F. N.) »Die Erkenntnis hat den Wert … die absolute Erkenntnis zu widerlegen.«
Wo ist beider Gegensatz!?
Sokrates schrieb: »Ich weiß, dass ich nichts weiß.«

2
Beide aber – so – ich, müssten aber die absolute Erkenntnis meines Erachtens nicht 100 % erreichen. Beide gehen in die spekulative Vernunft der eingesetzten Sinne – alle – und behaupten! So gesehen muss bei jedem das Geschehen, sich zu überdenken, um sich mit diesem Wissen des Nichtwissens beschäftigen.

3
Kein Wort beendet mir zu 100 % dieses Dilemma des Verschluckens – diese Punkte als Nachfragesatz in die Einzelnen eindringen zu lassen: Denn Götter gibt es schon endlos viele auf der Welt!

4
Nietzsche: »Und immer mehr sehe ich ein, dass ich nicht mehr unter Menschen passe!« Der Mensch muss überwunden werden; um Mensch zu sein. Im positiven wie im negativen Wortlaut könnt' man sich vom Wort ins Göttliche einreihen. Ich sehe nicht so. Aber? Mensch, was ist das? Frage ich dein Du im Ich, es steht dir bei!

Das Wissen, nichts zu wissen, als Demaskierung des Willens zur Macht.

Ursache/Wirkung ist Wissen und Nichtwissen in einem. Der Wille zur Macht ist dagegen (1) Wissen; die Wirkung ist vollbracht. Da die Binsenweisheit Glauben = Wissen die Welt tyrannisiert, ist der Aufbruch in das Nichts nur die Wirkung, das Gelöbnis, sich aufzugeben, in der Wirkung Ursache zu sein.

Erkennen setzt Ursache und Wirkung stets voraus. Die Vorarbeit, das Auspacken der Moralbegriffe, setzt die Ursache außer Kraft, dem Kategorientrend lege ich die Variable Ursache/Wirkung ins Abwaschwasser und reinige den Mut beide als eins in die Hand zu nehmen: Zeichen weichen. Das ist das Motto, schreite ich die Mitte einer Fläche ab, um mir selbst den Anstoß zu geben, jenseits aller Kategorien den Tag zu leben: Tag – wie Nacht.

Mit dem Knopf im Ohr, die Zeit in das Tuch zu legen; um ausgewrungen das Produkt ständig neu zu verstehen.

Gereinigt muss nicht sauber sein. Sauber ist im Grunde nur der Teilerfolg, die Zeit zurückzudrehen, als der Teller, die Schale, sonnenklar den Tisch eroberte.

1
Ursache der Sinne ist das Begehren
im Nachfragen das Säuseln der Antworten
zu ordnen, im Willen zur Macht
das Licht in dir als Energeia ständig neu zu erfinden.

2
Wirke der Ursache entgegen, dazu ist das Sehen in dir
Kernpunkt, wie die Sonne, die scheint: bei Tag und bei Nacht.

3
Das Wissen, nichts zu wissen, deutet an, die Hände vors Antlitz
zu halten, damit das Lächeln nicht die Maske berührt, sie, die
das Sehen in die Weite trug.

4
Marc Aurel (121–180) sagte aus:»Die Glückseligkeit deines
Lebens hängt von der Qualität deiner Gedanken ab.«
II. Weltkrieg, im Bunkerschutzkeller, dort war die Qualität
im Kinderherzen. Auch später nicht, als das Familiengericht
beschloss – Familientradition: Handwerk!

5
So ließ die Zeit auf sich warten, bis ich über die Wirkung des
Selbst zur Ursache fand: Qualität über die Ursache heimzu-
holen.

6
Glückseligkeit ist mit jener Variablen auch in der Dunkelheit
Licht zu erkennen, und sei es drum nur im Benennen.

A

Das Wissen, zum Willen der Macht
zu gelangen, hat am Abend begonnen.
Die Ganzheit der kühlen Nacht
in die Regale zu legen. Zerronnen

ist die Maske, der Wille aber blieb.
Die Macht ist der Gedankengang
im Ursache/Wirkung natürlichen Trieb
das Synonym des bündigen Schank-

Betriebes, das neue Land entdeckt zu haben
von dem noch niemand etwas wüsste.
Hände greifen in den luftleeren Raum hinein.

Den Aushub für das neue Haus, die Gaben
dem Willen, der im Selbst geöffneten Gelüste
zu leben. Amor Fati war der erste Stein!

B

(K. J.) »Es gehört zur Wirklichkeit des Menschen, dass das
tiefste wahrste System seines Denkens in zeitlicher Gestalt er-
scheinen muss!«

***

Die Wirklichkeit des Menschen, so ich sage
ist wortunabhängig vom Gedankenspiel
der menschlichen Zeichen, so ich wage
zu behaupten, alle Belange sind nur Kiel

des Schiffes, der unter Wasser hält
das Treiben oberhalb der Zeichen.
Die Gnosis, Wissen um die göttliche Welt
ist nur des Eisberges oberster Teil. Es weichen

fallen – die Masken in den großen Sumpf
der Flaschenpost, sie, die durch die Kontinente
im Polemischen die Münder zerreißt.

In der Vorhand sprüht das Gegebene in den Strumpf
des Sparers ein. Dort ist das Gelöbnis der Momente:
Wissen im Glauben oft in Kriege verwaist.

C

»Nimm die Maske ab«, rief er.
»Ich will dein Antlitz sehen.«
Und was geschah? Ein Speer
fiel ihm aus dem Verstehen

Gesichter reimlos einzusehen, ohne Geleit
die Hände vors Gesicht zu halten.
Was war geschehen? Seine Augen leuchteten weit
in die Nacht hinaus. Verwalten

war sein Wissen, maskenlos allemal
den Morgen ohne Maske zu begrüßen.
Da sagte er aufs Neu':

»Setz deine Maske wieder auf.« Zu kahl
zu wortlos ist die Wirkung zu büßen:
Gras ergrünt, vertrocknet ist es Heu.

D

Wissen, wortlos, ist auch: Wissen.
Mit dem Wort wird nur ein Zeichen draus.
Enthoben aus der Wirkung muss ich missen
die Ursache und das ist mir oh Graus

ein schlechtes Schlummerkissen. »Dass ein Wort
tatsächlich eine genaue Bedeutung HAT
(so L. Whorf) für ein genaues Ding«, ist nur Sport
»ist lediglich EIN Wort einer Variablen!« Matt-

gesetzt fällt der König auf das Brett
»Die Sucht nach der Wahrheit ist eine
Art göttlicher Sucht, wie Liebe.«

So philosophierte er weiter; und ich ging zu Bett
mit dem Wort – der Worte – viele –! Könnte es sein
dass Wissen wirklich nur erkannt stets wortlos bliebe?

E

(L. Whorf) »Der Gedanke, Natur und Sprache seien
innerlich verwandt, ist der modernen Welt
ganz fremd.« So will ich ihm verzeihen
nicht für alles Gut und Geld

will ich aus diesem Licht heraus! »Sätze
nicht Wörter sind das Wesen der Sprache«
und ich beginne tiefst zu atmen, webe
die Feder, den Stift in eigener Sache

all die Spuren zu verdammen
die unsre Ahnen formten? Natur
an Natur zu Begriffen zu gebären

ließen Zeichen, die aus dem Innersten stammen
dort, wo das Nichtwort wurde unsre Schnur:
Gen bei Gen, dieser Gedanke wird sich bewähren.

$$***$$

W. Dilthey: »Das Wesen der Philosophie, die Melodie unseres
Lebens ist bedingt durch die begleitenden Stimmen der Ver-
gangenheit.«

Das Wissen, nichts zu wissen, als Demaskierung des Willens
zur Macht: Ursache/Wirkung …!

1
Nimm deine Hand in die Hände.
Die Wirkung ist gegeben. Die Ursache: (1) Wort

2
Auf den Bahnhöfen fahren die Züge
ein und aus.
Herein kommt (1) Wort
und es verlässt uns wieder. Was blieb?
Wieder nur ein (1) Wort!

3
Manche Variablen sind rücksichtslos
auf dem Boden zerstampft,
damit die Ursache nicht auszumachen.

4
Der Wille zur Macht ist der »Amor Fati«
liebe, lebe dein eigenes Schicksal.
Ich lebte auf, und vorbei war die Nacht
in der ich gelobte: Ursache mir zu sein –

5
Auf der Anrichte: die Demaskierung.
Die Schale blieb: Teil der Wirkung, sie!
Gesehen trieb das Zeichen durch Raum und Zeit.

1
Theater-Worte
»Welttheater« ist ein
Almanach der Übersetzungen, die
alle auf Mensch enden.

2
Hineindenken
Umweltschutz ist die Vor-
stellung, Pflanze sein
zu müssen.

3
Partner
Wärme mir mein Auge: Träne,
du ewiger Begleiter.

4
Erinnerungen
Räume stehen offen. Wörter
gaukeln Silberglöckchen in das Licht.
Heller Klang zaubert ein Gesicht vorbei:
Vergangenheit!

5
Glanz und Glorie
Glorifiziert. Betrug. Selbstbetrug.
Es stellt sich vor:
»Die Macht!«

6
Mutprobe
Wer will da durch die Zeit
das Zeitlose auflösen?
Robinsonade. Irrlicht. Traum!

7
Kohlhas
»Abend, Beginn des Tages!«
»Nein: Morgen!«,
entgegnete der andere und
sammelte Beweise, bis die
Nacht hereinbrach!

8
Verständigung
Wir schwiegen, und wir
redeten – doch – wir redeten und
wir schweigen immer noch!

IX

Das JETZT als Ende und Beginn (Wechselwirkung)

Die Auseinandersetzung mit der Sprache insgesamt bekam die Anreize aus Benjamin Lee Whorfs Werk »Sprache – Denken – Wirklichkeit«, rororo Verlag, S. 88: »Diese Gedankenwelt ist der Mikrokosmos, den jeder Mensch in sich trägt und durch den er, soweit es ihm überhaupt möglich ist, den Makrokosmos beurteilt und versteht.«

Springe ich in einen Kreis hinein, dann ist dieser Punkt – im Reif – Anfang und Ende zugleich. Der Zeitpunkt nimmt sich Raum und Zeit in der Wechselwirkung – Anfang und Ende als Einheit selbst in diesem Punkt der Landung zu sein.

Martin Buber, auf seinem Weg des Menschen nach der chassidischen Lehre: »Es gibt etwas, was man an einem einzigen Ort in der Welt finden kann. Es ist ein großer Schatz, man kann ihn die Erfüllung des Daseins nennen. Und der Ort, an dem dieser Schatz zu finden ist, ist der Ort, wo man steht.«

»Was spricht die tiefe Mitternacht?« Gib acht ... F. Nietzsche füge ich konträr dazu ein, all die Punkte anzudeuten, wo das JETZT als Moment die Sphäre hin öffnet, an einem Punkt beides zu sein: Mitternacht 12 Uhr des Tages zuvor, und 12 Uhr: der neue Tag.

In diesem Jetzt, so, wie auch immer zusammengefügt, bindet die Philosophie als Kategorie ein – weder wahr noch falsch zu sein. Ich kann nicht auf der Suche nach diesem Jetzt sein, um dort die Wahrheit zu finden, da sie in diesem Punkt der Unendlichkeit, dem Nichts, nahesteht. Ist das jetzt Beginn? Oder ist es das Ende? Diese Wechselwirkung, allein durch das Zeichen – Wort – ausgelöst, ist mir die Tatsache, diesen Punkt, nur durch das menschliche Zeichen – Wort – ausgedrückt, als durch die Konfiguration am Sternenhimmel sich zeichnende Vielfalt, als Sprung in diesem Kreis zu bewörtern.

Philosophie ist die unvergessene Sucht, mit Wahrheit weise zu sein – zu werden. Jetzt fand man einen Punkt, er, der wahr im Reif als Anfang wie auch Ende eineindeutig zu beweisen ist. Nur? Und jetzt kommt die Zahl ins Spiel, sie wird Wort am Sternenhimmel und bietet die Erkenntnis in der Philosophie, die Suche nach Wahrheit und Weisheit dieses Licht zu zünden; und man vergaß, es war Mitternacht.

Ich gehe in den Reigen hinein? Nein, ich bleibe, ab heute, außen vor. Da die Suche nach Wahrheit der Sprung in den Ring bedeutet – gefunden zu haben! Aber? Was ist wahr: Die Lüge! So gründet der Menschheit Weisheit in der Philosophie allein auf»der Tatsache« gesprungen zu sein! Wohin? Man sprang ständig ins Nichts, d a s Moment, wo das Leben sich, im Tode neu gebärt, gelebt zu haben. Die Einheit – Wahrheit – entpuppte sich in die griese Nacht hinaus, an dem Ort, wo man steht! Und dort sagt das Prädikat eine gute Zensur voraus: Philosophie! Aber nichts, wie will ich auf der Suche nach Wahrheit nichts ins menschliche Denken hineinprügeln? Mit Politik, mit Religion, mit Ehre, mit Vaterlandsliebe, mit göttlichem Personenkult … usf. …!

Ich stehe an der Reling des Fährschiffes auf hoher See und schau weit auf das Meer hinaus. Damals sprach die Philosophie vom Nichts in der Ferne, und man befand sich doch – heute besehen – auf dem Sprung in einen Kreis – heute Erdkugel – und man hob dort das Nichts auf, auch wenn Köpfe rollten von denen, die die Fläche in eine Kugel verwandelten, und das Nichts, diesen Sprung ins Erden-Nichts propagierten.

Meine nach beiden Seiten geöffnete Parallele speist den Gedanken wortlos aus dem Nichts heraus und gebärt ein weißes Blatt Papier. Ich will versuchen dort, diesen Punkt zu finden, dieses Nichts zu dokumentieren. Und ich sah überall Ende und Beginn auf diesem blanken Bogen.

Auf der Suche nach Wahrheit zu sein bedeutet, Philosophie aufzugeben, denn der weiseste Mensch, Sokrates, er wurde durchs menschliche Wort zum Weisesten ausgerufen. Irgendwo sprang aus diesem Bogen ein grobgekörntes Teilchen – Holz – aus diesem Bogen und es wurde w a h r und man sprach ihn weise. Jetzt rief das Volk mir zu, ich wäre vor Neid erblasst und wollte selbst dort sein, wie er, der auf dem Marktplatz predigte sein Wahr. »Es ist der größte Schatz, man kann ihn die Erfüllung des Daseins nennen!«

Aber Dasein ist wortgebunden eingraviert in dem weißen Bogen Papier, wie das jetzt, dieses Unerklärliche, durch die Philosophie, Religion, durch Pharaonen, Geistesanbeter und so fort ungeformtes Randdenken der menschlichen Kaste – im Nihil – das Nichts zu erkennen.

So gehe ich auf meinen Marktplatz, schließe die Augen, und sehe Menschen, die mich mit Schmutz beschmeißen, nur weil ich jenseits der Philosophie und Religiosität, dem Kultgesang der Gurus usf. mich damit bescheide als Mensch, wie die Knospe am Baum, Blatt oder Blüte werde: JETZT ... und das Papier blieb weiß: unbeschrieben ... Blütenstaub ... Samenkern ...!

S. 88: »Diese Gedankenwelt ist der Mikrokosmos, den jeder Mensch in sich trägt, und durch den er, soweit es ihm überhaupt möglich ist, den Makrokosmos beurteilt und versteht.«

***

A

Das große Rund der Sprache, mir gegeben
durch der Mutter Mund
ist wie ein Hauch den Teil zu leben
der machte meinen Atem rund.

Dann sprach der Vater! War das die Makro-Welt?
Ja, bis aus dem Mikro – eine eigne Sprache
die Musik sich mir ins Herz gesellt!
Und ich landete doch auf dem Dache:

Familientradition! Das Kleine und das Große
formten die Gedanken weit hinaus
in jene Welten: elternlos

dort, wo der eigne Mikrokosmos auf dem Floße
hinaus in jene eigne Welt, das Haus
aufbaute: dort das eigne Wort fortan genoss!

B

Das Jetzt als Ende und Beginn

1
Was ist im Kreise eine Wechselwirkung?
Das Jetzt – jedes – als Beginn!

2
Und am Ende fand man doch heraus, das
war ja der Beginn.

3
In den Augen befand sich ein Leuchten
obwohl die Lider geschlossen. Das konnte
man doch nicht sehen, sprach der Nachbar.
… aber fühlen, schmecken, hören.
Er ging kopfschüttelnd von dannen.

4
Wortwechsel
und doch blieb der alte Gedanke
bestehen.

C

S. 29: »Sprache sei, so königlich auch ihre Rolle ist, gewisser-
maßen nur ein oberflächliches Muster tieferer Bewusstseins-
prozesse.«

***

Aufgesprungen auf den Wegen
königlich gefahren – zu sprechen –
floh der Atem in die Welt hinaus! Ob Regen
oder Schnee, der Wille muss zerbrechen

das große Rund die Parallelen zu öffnen mir.
Nicht König/Kaiser mir im Selbst zu sein
sondern er – ein Mensch – mit offenem Visier
die Wörter Geist und freier Wille aus dem Stein

herauszumeißeln, die Gedankenwelt
neu zu orientieren in das neue/alte Wort hinaus
die Spreu vom Weizen zu trennen.

Anfangs war's die Philosophie, die die Weichen gestellt
doch die Kategorie brachte mich fort vom Graus:
Gut und Böse, Arm und Reich im Wort zu benennen.

1
Ende und Beginn, oft ein (1) Einzelnes
voneinander unabhängiges Begehren.

2
Weisheit, sagte der eine –
der andere sprach:
Der ist verrückt. Aber?
Wie oft liegen beide
im selben Wort: als Beginn!

3
Die Wechselwirkung im JETZT
ist nicht erkannt. Hier werden
die Spekulationen zu Tisch gebeten!

4
»Auf, auf«, sprach der Einzelne
und die Masse kam in Bewegung!

S. 49: »Der Gedanke, Natur und Sprache seien innerlich ver-
wandt, ist der modernen Welt ganz fremd.«

***

D

Sprache, als Stimme der Stille
so rahmte das Wort ein Nichtwort ein.
Und es war mein eigener sehnlichster Wille
zu heben, zu lichten das Latein.

Verwegen kreuzten geöffnete Knospen, dort
im dürren Geäst meinen Blick.
Ich sprach, dachte ich! Nein, kein Wort
warf das Geäst mir je zurück.

Und doch, es war die Sprache der Stille.
Akkord an Akkord reihte sich ein
als ob der lichtgegrünte Keim

mir etwas zu rief: Hier, im *Aprille*.
Jetzt lebte plötzlich selbst der Kieselstein:
Die Sprache der Stille, sie trug mich HEIM!

E

»Sätze, nicht Wörter sind die Sprache«
so umrandete der Autor sein Gesicht.
Formte somit schon das Abc als Lache
für mein kleines Gedicht.

Nicht dass ein Wort zur rechten Zeit gegeben
schon ein Satz und mehr könnt' sein
das Wesen der Entäußerung zu leben.
Mancher Seitenhieb ist, wie ein Stein

der die Scheibe zum Satz im Gespräch zerstört.
Manches Wort allein zerbröckelt alle Sätze
weit in allem Unrein hinaus.

Dabei sollt der Satz, der als Einheit – gehört –
Wort bei Wort bilden die stillen Netze
eingefangene Stille, sie, mein Ohrenschmaus!

S. 60: »Dass ein Wort tatsächlich eine genaue Bedeutung HAT für ein gegebenes Ding, ist lediglich EIN Wort einer Variablen.«

***

1
Die Variable wird selbst EIN Wort
sich dem Bedeuten hinzugeben.

2
Genaue Bedeutungen, so meine ich, um das
Wunder der Sprache herauszuheben – nur – im
Nachfragen, im Verstehenwollen gelingt der Schwur,
den Atem des anderen annähernd zu ergehen.

3
Ein Ding wird nie ein Wort. Es bleiben Zeichen!

4
Der Gedankengang, die Variablen
aufzulösen, führt hin zum KNOTEN, den man
zerschlug. Das Volk schreit auch heute noch Hurra.
Aber? Wie oft wird Lösen mit Zerschlagen beendet!
… gleichgesetzt …!

S. 141: »Der Terminus Metalinguistik, er wird in zweierlei Sinn verwendet. In der formalen Logik unterscheidet man sogenannte semantische Stufen. Es wird unterschieden zwischen der Sprache über Dinge und der Sprache über die Sprachen: Die 1. Objektsprache, die 2. Metasprache.«

***

F

Nehme ich aber die Metasprache als Objekt
dann beginnen Einheit und Vielheit zu wanken.
Das Licht der Nacht ist sinnverwandt direkt
mit dem Fingerzeig Wort auf Wort zu tanken

in das große Gerüst der Solitüde
der Einsamkeit in Schlössern zu versinken
über die Sprache, als dem Objekt nicht müde
das Tageslicht anzuheuern, um nicht zu ertrinken

in dem Objekt – gewörtelt bündig – anzugeben
wie ich, vom Wort entfernt, die Sprache könnt'
so neu beleben. So gesehen

ist Teil EINS und auch Teil zwei mir Leben.
Die Sprache der Stille, sie sei mir gegönnt.
Der Terminus Mensch, das ist allein mein Flehen!

G

»Ein Zeichen kann nur sinnvoll
gebraucht werden, wenn es systematisch
geordnete Beziehungen zu anderen hat.« Toll
ist der Gedanke mir, wenn ich solonisch

über das eine Zeichen zu anderen Zeichen gelange.
»In Reih und Glied – Hände an die Hosennaht«!
Sind das alleine schon die Zeichen, bei der Stange
zu bleiben, mit Beziehungen dieser Art parat

in die Bereiche einzudringen, das Wort
als Zeichen alleine zu verstehen?
Damit sich die Sorgenfalten glätten

die Hintergründe aufzudecken, als Sport
den Geist zu beleben, im Sehen
Bezüge als Gut und Böse als Gleiches verketten!?

S. 63: »Die Sucht nach Wahrheit ist eine Art göttliche Sucht wie Liebe!«

1
Jede Sucht ist unkontrolliert,
also wird wahr und unwahr eins!

2
Wahrheitssuche ist mir eher eine Flucht,
das Licht am Ende des Weges zu verstehen:
als ein »Amor Fati« liebe, lebe dein
eigenes Schicksal.

3
Diese Suche ist ein jahrelanges
Begehen, jene Wege, abseits aller Sucht.

4
Wenn Liebe zur Sucht wird, wie hier
auch gottähnlich benannt, dann
öffnen sich in mir die Reize, die mir geblieben:
zu lieben, wie die grüne Knospe am Baum,
wenn sie das erste Sonnenlicht in
den Tag hineingebärt.

5
Wahrheit ist das Phänomen
nachts im Lichte zu steh'n!

1
Bergpredigten
Auf den Höhen: berggepredigt
kann eine Predigt erst im Tale
eine Bergpredigt werden.

2
Helfer
Schnee kann erhalten – das,
was in der Wintersonne erfröre.

3
Begegnungen
Alle Grenzen sind Fahnen:
... windabhängig!

4
Gezielt gesetzt
Ausweglos: Begradigung des
Endlichen ins Unendliche!

5
Emanzipation
Emanzipierte Frauen suchen
das Kind in sich – um gegen den Mann
die Geburt auflösen zu können. Im
Grunde hassen sie sich selbst.

6
Erkanntes
Die Überwindung, meinen Tod
zu denken, ist Teil
meines Lebens.

7
Abhängigkeiten
Erst wenn ich selbst aufhorche,
kann ich wahrhaft gehört werden.

8
Fliegenleim
»Auf den Leim gegangen!«
Lächelnde Menschen. Der Fliege Tod!
Viele Menschen sind ihnen gleich!

X

Mein Freund: das ICH
(Möglichkeiten)

Schelling (1775–1854): »Im Selbstbewusstsein ist das Ich sowohl Subjekt als auch Objekt!«

1
Wer schrieb ich: und wer bist du?

2
Im Sichbenennen spielte mir mein Ich einen Streich.
Es fragte mich, und ich konnte
Ich nicht benennen.

3
Was blieb mir?
Ich, das Außen vor der Türe
stand, sah die beiden und trat ein.
Da waren sie Subjekt und Objekt,
ein Wort, und sprachen vom WIR!

4
Aber dieses WIR ist doch
das große Ich, das diese beiden im
Verbund gebären ließ? ...
Keine Antwort ist auch eine Antwort:
so spricht des Volkes Mund!

5
Und das Du fragte mein Ich.
Ich öffne alle Biegungen der Blick-
Biegungen in das Wortlose hinaus.
Und? Sah wortlos: MICH!

6
Die Möglichkeit blieb mir
das Ich, es wurde als Wort
in mir ständiger Begleiter:
Ein ständiger
ansprechbarer Freund!

Mein Freund: Das ICH

Marc Aurel (121–180): »Die Glückseligkeit deines Lebens hängt von der Qualität deiner Gedanken ab.«
Die gleiche Aussage ist der Ausspruch, dass die Sprache ein Wunder ist. Um an diese Glückseligkeit heranzugelangen, da muss einiges geschehen. Manches Kind lachte, und es wusste nicht warum! Manches Kind weinte, weil man es in eine Lebenslage brachte, dem es geistig und körperlich nicht gewachsen war.

Viele Aussagen, so meine ich, kann man erst von sich geben, wenn man all diese miesen Jahre, Jahrzehnte durchleben musste: Diese Qualität ist alleine das Ich als Eigenwert erkannt zu haben, um aus Quantität die Qualität herauszufiltern.

Das Alter schaut mich an, dieses Du in meinem Ich, das mich mein Leben lang durch diese Miseren trieb, um diese Glückseligkeit zu erlangen. Wenn ich geistig Tag und Nacht das Gefühl habe, dieses Ich als Freund zu besitzen.

Glückseligkeit und Sprachwunder treffen sich am Pegel des Verstehens, dort, wo das Licht die Augen umsonnt, auch geschlossen, die Wiese der Kindheit vor Augen, aus der Quantität diese Qualität der reinen Gedankenfülle herauszufiltern.

Jede Glückseligkeit birgt auch Kummer und Leid in sich; so wie das Wunder Sprache manches nachfragt, den Partner auffordert, sich aufs Neue, im Warum und Wieso des Gesprächspartners, zu nähern.

Die Glückseligkeit hängt nicht nur von der Qualität der Gedanken ab. Denn es gibt Momente, wo man die Gedanken –alle – abschaltet. Im Krieg, als meine Heimatstadt Hamburg in Schutt und Asche dalag, da half dem Kind, auch dem Erwachsenen, nicht mit der Qualität der Gedanken hier Glückseligkeit entstehen zu lassen.

Krankheiten kann man mit der Kraft der Gedanken – gefühlsbetont – in die Schranken weisen. Aber, die Medikamente – Glückseligkeit – sind im tiefsten Schmerz nur unbewusst vorhanden. Im Nachherein stellt sich dann die Frage ein, wie nur habe ich diese Jahre härtester Arbeit auf der Wanderschaft die drei Jahre geschafft? Oder wenn eine Ehe bröckelnd sich in die Bestandteile zerlegt, da nützt die Qualität der Gedanken nichts.

Eingepfercht in dem Trott der Familientradition, da sind die Qualitäten der Gedanken oft auf Holzwegen, Jahre, Jahrzehnte, bis einfach Nüchternheit die Qualität der Gedanken beiseitestellt und schluckt die Pille – Zeit und Raum – und erinnert sich an das Selbst diesen Freund in dir: das Ich. In tiefen endlosen Gesprächen umrunden diese Wortgefechte mit dem Selbst qualitätslos dein Inneres, bis die Musik, die Lyrik, die Philosophie die Ernüchterung bringen, alle Worte erneut Schritt für Schritt zu durchleben. Dieser Kraftaufwand, ist das schon Qualität? Nein, das ist der Selbsterhaltungstrieb. In dem Moment hilft mein Freund, das Ich, mir, und gibt mir die Kraft: dies oder jenes zu tun. Im Alter, die Jahrzehnte durchreist, da wird aus dem Geschwafel so langsam meine Qualität mir bewusst – Tag um Tag – in mir das Ich gefunden zu haben, mit dem ich an diese Marc Aurel'sche Qualität der Gedanken – mich anzufreunden. Ich liebe, also lebe ich: und die Philosophie löste sich als eine Kategorie auf, die am Boden, wahr/unwahr – weise/unweise usw., mir die Kraft im Wort als jenen Schutzgeist in mir einzuordnen; »liebe, lebe dein eigenes Schicksal«! Ob das jetzt Qualität der Gedanken ist? Das kann und will ich nicht heraufbeschwören: So sprach der Morgen, mein Freund – Ich –, zu mir, und wir schauten gemeinsam in den Sonnenaufgang! Wortlos und doch Wort an Wort ...!

1
Ich und Du sind Zweiheit
und Einheit zugleich. Wobei die Einheit
die Möglichkeit besitzt, außen vor zu treten,
um Ich und Du zu befragen.

2
Fremde band ich ein: Das Jahr, die Zeit!
Da sprang ein Wort mir in die Quere
und rief: »Und ich?«
Was war geschehen? Ich hielt die eine Hand
mit der anderen und gab mir Wärme.

3
Die Möglichkeit, ich zu sagen, sie
gebar sich in dem Zufall,
geschlossenen Auges mich zu sehen!

4
Und an der Angel hing nicht der Fisch,
nein; an der Angel hing ein lächelndes Wort:
Ich! Und so begann ich Freundschaft mit
mir zu schließen. Selbst das eigene Wort
anzuzweifeln, nur um in der Substanz
Tag und Nacht als Einheit anzuerkennen:
und jenes fragende Du, mein zweites Ich!

A

Hier endet der Sinn Philosophie.
Die Spur des Vergessens zieht jene Bahn
die Untergrund des Ich bin – gleich wie –
das besessene Wörtchen im Wahn

im Nihil den Beginn als Ich zu legen.
Ergon und Energeia trinken den Tau
der Morgensonne. Der eine will verwegen
das alte Ich erhalten, doch schau

die Sonne sendet ihre Strahlen aus
um das zu verwandeln, was öd und leer
als Gestrüpp, marode nutzlose Beuge

die Dunkelheit verblendet! Oh Graus
was wäre das Ich im Ergon – Begehr
wäre nicht Energeia mein Augenzeuge.

B

(K. J.) »Zitieren wäre im Ideal wie eine Gold-
Schmiede-Arbeit: die Edelsteine der philosophischen
Gedanken zu fassen: und dann« (so hold)
»anzuordnen, dass sie nicht« (in Nischen)

»in ihrer Vereinzelung zur Geltung kommen
sondern sich gegenseitig derartig steigern
dass sie nie in eins gefasst werden« (genommen)
»als sie einzeln sind oder in bloßem« (weigern)

»Anschauung wären.« So wird der Edelstein
das Zitat Jaspers' – von Ich zu Ich neu geboren.
Handlungsfrei in meinem Sinne

als Fluss des Lebens mir neue Wege einzugeben. Fein
und apart wie die Horen, Töchter des Zeus, erkoren
seinen Edelstein mit meinem Atem zu gewinnen.

C

»Der Glaube an uns ist die stärkste Fessel
und der höchste Peitschenschlag
und der stärkste Flügel.« So F. N. im Sessel
sein Ich zu erweitern. Ich mag

diesen Lerchenflügelschlag, der hinaus in die Höhe
tirilierend, der aufschwingt ganz Ich zu sein.
So geboren schwinge auch ich mich auf, als flöhe
ich zu ich sich zu entfernen vom Stein

der dich bindet, erdig zu bleiben.
So fällt er, der trällernde Vogel herab
auf die Erde, gesungen zu haben.

Diese Melodie ist dem Schreiben
treu geblieben, als Seligkeit dem Bettelstab
des Frühling entgegen: die Seele zu leben.

D

»Wenn die Vergangenheit noch verborgen ist
und gleichsam wartet auf Erinnerung
ihrer höchsten Möglichkeiten, dann« (vergisst)
»bedeutet Gegenwart den Anspruch« (Abdankung)

»den Anspruch zu ergreifen, was an der Zeit ist.«
So zog der Philosoph vom Schweizer Engadin
– wurd's kalt – nach Italien um. Wer vergisst
sein Leiden, den Kopfschmerz, und sein Ich im Sinn

sich hinauf zu entwickeln? Die Gefahr
war das gereizte Hochgefühl, das Sehen
mit Sehen noch zu übergehen. Gelinde gesagt

seine Welt in seinem Ich geboren. Ich war
vor Ort und sah seine Zeit, sein Flehen
Menschen als Mensch zu sehen: Doch wer fragt?

E

Die höchste Kultur, die ich mir kann erdenken
ist, das Ich im Wir als Einheit zu bestehn.
Den Kern des Lebens aus dem Ich heraus beschenken.
Die 10 Gebote, die wir uns gegeben, zu besehn

als wesentlichen Grund aus der Taufe zu heben
im Schaffen nach Freiheit sich zu versüßen.
Gebot als gegebenes Wort im Ich zu leben
als ob's ein WIR ist, ohne zu büßen.

Wieder als Ich unter Wesen zu wandeln?
Die aufrecht sinnverwandt die Sprache begehn
das Augenmerk die Zukunft im Glauben

im Wissen als Wesen zuwiderhandeln:
vom Ich zum Wir, um zu verstehn.
Gebote sind Wort, nur Zeichen, Gauben!

1
Vergangenes ist in der Anhäufung
den Teil – Frieden – stets neu zu beleben.
Im Können; wie das Ich; sich selbst verstehn.

2
Beim Wort ist das Ich nur eine Masse,
das Innerste muss vor sich selbst:
bestehn!

3
Geordnet geht das Licht seine Wege.
Dem Tag folgt die Nacht.
Der Frieden entsinnt stets neue Kriege.
Dein Freund, das Ich, kann nur dem Ich
zur Seite steh'n.

4
Geboren bin ich nur,
um mir selbst die Hand zu geben.

5
»Auf den Dächern eine Taube,
in der Hand den Spatz.«
So des Volkes Gerede! Und ich?
Bin beides, nur Ersatz!

6
Das wahre Ich
ist im Dauerzustand
ein Gerippe von Varianten.

7
Wahr wurde mein Ich: Geburt!
Mein Leben lang war ich nur
ein Wir, so die anderen:
Darum könnt ich sie nie recht verstehn.

8
Die Flaschenpost, die ich
in dem Heimatbach versenkte,
muss dort stecken, bis zum heutigen Tag!

9
Heute fand ich sie, am Rande
am selben Punkt. Sie überstand
Frühling, Herbst und auch den Winter!
Ich blieb … wie gehabt!

F

»Wie hoch die Menschheit sich entwickelt
haben möge – vielleicht wird sie am Ende
gar tiefer als am Anfang steh'n.« Mir prickelt
der Gedanke, seinen Faden aufzunehmen. Die Wende

sie beginnt, Tag um Tag, im tiefen Dröhnen:
die Erinnerung an Krieg, als Kind erlebt.
Und die Stunden rinnen im keifenden Stöhnen
wenn irgendwo auf der Welt die Kanone bebt.

Menschheit, das ist doch auch nur ein Wort
am Ort gebunden; wo die Allmacht Wahn
sich Luft verschafft selbst Gott zu sein

in jener Nacht, wo sich der Tag an jenem Ort
sich, in mein Ich, stellte vor. Es kräht der Hahn
und auf dem Friedhof liegt das Ich: Ein (1) Stein!

1
Tägliche Kämpfe
Kinder kämpfen gegen Grenzen
mit Vätern, Müttern …
grenzenlos: … Kinder!

2
Verständigungsnot
Er liebedienerte, bis er
oben war. Jetzt konnte er endlich
seinen HASS: leben!

3
Verschlissen
»Wir haben uns nicht an das Leben gewöhnt,
sondern an die Liebe!« (F. Nietzsche)
Er, der andere, wollte leben – nur –
er konnte nicht mehr unterscheiden …!

4
Gemeinsamkeiten
»Nur zu!«, sprach ich zu mir. Darauf das andre Ich:
»Nur zu!«
Jetzt waren wir zu zweit: Ich
und ich im Anderssein!

5
Ich fragte mich:
Wohin? Da fiel mir ein:
geboren war mein Weg!

6
Tag und Nacht
In der Fragwürdigkeit Tag und Nacht
als Vielheit zu behandeln
sprach mein Du zu mir … und es wurde Nacht.

7
Ich = Ich
ist nur die Verallgemeinerung,
sich selbst zu befragen.
Sonst wäre ich mir
ständig die Antwort schuldig geblieben.

8
Sprichst du mich
an, dann beuge ich mich hinab ins Wort
und zaubere aus Plagiaten
mir den einen Text zusammen,
den ich so nie hätte gefragt.

XI

Wohin mit dem Wunder: Wort
(Notwendigkeit/Zufälligkeit)

Michel Foucault schreibt:»Hinter dem Gesetz steht immer
das Schwert.«
Heraklit meint:»Des Rechtes Namen kennten sie nicht, wenn
dies nicht wäre (das Ungerechte).«

Philosophie ...

als Notwendigkeit der Zufälligkeit,
die Wahrheitssuche als aufgegebene
Kategorie zu betrachten: Worte!

Wahr und Weise gaben sich die Hand,
sie wandern einsam im Klick auf der
»Tablet-Weisheit iPhone« und immer
Ja/Nein, Punkt/Strich (...) Kategorie.
Werteinflößung: Ich fand das Wort nicht mehr.

Was blieb, waren Punkte, und
hinter jedem Wieso, Warum stand das Schwert,
das Gesetz der totalen Allwissenheit der Computer!

Im Lichtansatz der Nacht leuchtete mir
der Morgen sein Lächeln entgegen: das Schwert?

Wohin mit dem Wunder: Wort

Jenseits aller Kategorien beginnt eine eigenartige Energeia mich zu beflügeln, Licht zu trinken. Schon war ich kurz bei der kantischen Kategorientafel, und mich befiel ein eigenartiges Gefühl. Das Wort Philosophie: Suche nach Wahrheit, so die einen, die weiter Fortgeschrittenen sprachen dann von Suche nach Weisheit.

Da begann ein eigenartiges Gefühl, mir die Luft zum Atmen zu nehmen. War Philosophie nicht auch so eine Kategorie: Wahrheit/ Lüge? Weisheit/Nichtweisheit oder abwertend dann Dummheit? Was machte Sokrates zum weisesten Menschen? Das Orakel von Delphi oder ein Überweiser? Über Weisheit und Wahrheit zu steh'n, wer wäre das? Und schon sind wir bei den griechischen Göttern! Bei Göttern überhaupt. Dann kommt das Problem Gott/Teufel. Wieder so eine unendliche Kategorie!

Endlich/Unendlich, welch ein Wortgebrabbel am Einstieg in den Satz: Ich weiß, dass ich nichts weiß? Bin ich denn so vermessen, an dieser Stelle dieses Nichts aufzulösen, um es einfach als eine Kategorie des Erkennens menschlichen Denkens überhaupt einzubringen? Dann komme ich an jene Grenze, die ich in die Hand nehme, und schaue in die Morgensonne, sie, die Morgen für Morgen meine Grenzen im Wort auflöst.

Wenn ich dann aber noch tiefer einsteige und das Wort-WORT- als eine Kategorie ausrufe: Vormenschliches Kreischen, Grunzen und das, dem gegenüber, das heutige ausgereifte menschliche Wort: Schillers Wunder: Muttersprache? ….

An diesem Punkte angelangt bekomme ich Herzklopfen, wenn ich das teilweise politische Gekeife um Macht und Vergöttlichung des eigenen Selbst in der Landschaft – Wort – irgendwo einreihe. Sind die Gedanken: Philosophie, Suche nach Wahrheit, oder ist das einfach nur meine grenzenlose Traurigkeit, das Wunder Sprache irgendwo als Randerscheinung, als »auf den Busch klopfen«, in die Annalen der Menschheit einzulenken!

M. Foucault schrieb einfach: Wort bei Wort: »Hinter jedem Gesetz steht immer das Schwert.« Ich zweifle nicht: Ich weiß! Das ist mein Urproblem, seit Kindheitstagen an; sonst hätte ich meinen Lebenslauf so nie rechtfertigen können! Ohne Schwert blieb ich der Muttersprache treu: Auch wenn die Kanzlerin in Deutschland DEUTSCH nicht als Landessprache ins Grundgesetz eintragen ließ.

Heute existiert eine neue Möglichkeit der Kommunikation – Ja/Nein – Ja/Nein! Du drückst auf den Knopf und das Schwert, dein Zweifingersystem, stoppte das Schwert – Punkt/Strich, Punkt/Strich!

Hat sich je ein Erfinder Gedanken gemacht, wohin seine Erfindung führt? Heute gebe ich in die Lichtmomente ein: »Habe ich Hunger?« Sagte er nein, dann habe ich keinen Hunger. Das Denken an sich schwindet mit der Aufgabe, das Wunder Sprache zu realisieren, dahin. Atombombe! Kernspaltung! Autos, Umweltvernichtung usf.! Verhütung (Überbevölkerung): Gülledünger, Vernichtung der Böden, Massentierhaltung, Medikamentenwahnsinn? … mehr noch? Nein!

Philosophie, ich bin auf der Suche nach Wahrheit? Nein. Ich löse auch diese Kategorie auf, auf der Suche nach Wahrheit zu sein! »Jenseits von Gut und Böse« schrieb F. Nietzsche einst. Warum schrieb er nicht Jenseits von wahr und unwahr? Hatte er Angst, sich mit diesem Ohrwurm der Menschheit auszutauschen? Ich weiß es nicht. Nur eins weiß ich, dass ich meine nach allen Seiten geöffnete Parallele an diesem Wunder – Wort – mich festklammere, um irgendwo mit Menschen in eine Gedankenwelt einzutauchen, dort, wo wir in der steten Annäherung uns über alle Sinne austauschen: ohne PC und Schwert (die totale Wahrheit der Maschine): … uns begegnen!

Heraklit: »Des Rechtes Namen kennten sie nicht, wenn dies nicht wäre (das Ungerechte).«

Wie oft ist dieses Ungerechte das Gerechte, und das, des Rechtes Namen, das Ungerechte alleine durch das Schwert?
An dieser Stelle löse ich die Kategorie Philosophie auf, denn der, der das Weise oder Wahre propagiert, steht vor mir mit dem Schwert und sagt, der ist wahr und jener ist weise!
In den USA und in Nordkorea, in China, der Türkei regieren Weise … und überall sehe ich das Schwert auf der Suche, den Menschen die Wahrheit zu künden: Philosophie …? Ich enthalte mich der Stimme, mit meinem ureigenen Schwert, in die Morgensonne hinauszuschauen … und in der Hand irgendein Wort. Welches? … ich sag es nicht …!

1
Philosophie
Ein Wort am Himmel. Die Sonne!
Ist das Wahrheit? Nein!

2
Kategorien
Jeder Gegenpol – gedacht –
ist Werkgeschrei der eigenen Wahl
sein Produkt als gut zu empfehlen.

3
Theorie und Praxis
Philosophie ist nur Suche: Praxis.
Weise: gefunden, Theorie.
Beide SIE Kategorie: Mensch!

4
Ich und du
Ich bin deine Hand und du
mein Gefühl.
Wer war das Ich und wer war Du?
… ich …!

5
Ich = Ich sprach Fichte
Die Philosophie macht DAS zunichte.
Denn das Licht auf dem einen Ende
erreichte das andere Ende: nur im Wort!

6
Trinken
Ein Glas Wasser. Ein Glas Wein.
Ich trinke mein Wort in mich hinein.
Wasser? Oder Wein?
Nicht einmal ein Wort!

7
Wegelagerer
Am Wege der Sprache lagere ich
mein Leben lang. Was kam dabei
heraus? Eine bunte Wiese!

8
Wege
Viele Wege bin ich schon gegangen,
doch der Weg, der im Grunde keiner war,
er war der liebste: die Erinnerung!

9
Der Deich
Einfriedungen. Und am anderen Ende
die Öffnung hin zum Meer!

10
Gehen
Heute am Morgen saß ich lange in
meinem Ohrensessel und ich bin
endlos weit gegangen: mehr denn je!

11
Dasein im Hiersein
Dasein im Hiersein begann im Ich aufs Neue
zu leben. Eine Amsel schmetterte den Frühling
herbei, als sänge sie allein für mich: Und da war ich!

Wohin mit dem Wunder Wort (Dasein)

1
Wohin mit dem Wunder Wort? Im Dasein: DA-sein!

2
Dies bewusste Beblümen der Wiese WORT
ließ mich erkennen. Unter dem Reif blüht schon wieder mir
ein kleines Blümlein zart: das Gänseblümchen.
Nichts Großes. Nein. Aber es schloss meine
Kindheit als DA-sein ein!

3
Geboren bin ich: geworden. Als ein Seelenbeginn.
So lauf ich mit Händen und Füßen in den Tag hinaus,
um das DA-sein zu ergründen. Umsonst! Bis
ich im Alter Rückschau hielt.

4
Das Wunder Wort kam mir zur Hilfe. Gesättigt den
Tag in die Arme zu nehmen, der mir das
neue Licht nach all dem Schrecken dieser Krankheit schenkte.
Ich sah wie sonst auch. Nur heute lag mein Dasein, als DA-
sein mit einem Schleifchen – rosarot – wie meine Rosen im
Frühjahr
auf der Terrasse vor mir, und das Sein war DA:
Nur ein Wort: Da-sein … ich!

Wohin ist das Wunder Wort

Heidegger: »Das Alter entspricht der Frucht im Sinne eines Reifens, das ich nicht als ein Absteigen, sondern als eine Art des Sichfüllens verstehe.«

Der Philosoph Dilthey sagte einst: »Die Frucht gehört nicht zum Baum, die Blüte ist die Frucht!«

Die Frucht selbst ist also ein selbständiges Etwas, gespeist vom Zweig, der die Blüte als sein Eigen gab: Frucht, Wort, Zahl zu werden. Unser Alter mit jener Frucht am Baume zu vergleichen, geht somit einen anderen Weg. Dieses »Sichfüllen« ist genau das, was Dilthey veranschaulichen wollte. Jede Frucht ist demnach ein Selbst, keine Zahl!

Der Baum füllt, steht er im guten Boden, bewässert etc., dann kann sich alle Frucht im Geäst gut füllen! Dieses Reifen ist aber, ausgereift, am Ende, und sie fault, wenn sie nicht vorher gegessen wird.

Heideggers Reifen hat mit dem Apfel, der Birne, die reif geworden herunterfallen, im Grunde nichts zu tun.

Die Mauer »Reifgeworden« – so die Einzelnen – glauben, dass das Alte automatisch das Insichreifen vollzieht. Sich füllen kann auch leib-/laibbezogen sein. Der Laib Brot mit Wurst und Schinken, übermäßig zu sich genommen, füllt auch den Leib. Aber den Laib meint Heidegger sicherlich nicht. Dieses Sichfüllen hat aber mit der Frucht an sich nichts zu tun. Ist die Frucht reif, dann fault sie, oder man friert sie ein.

In diesem Sichfüllen ist Alter, Sichfüllen, überflüssig. Das Absteigen tritt so oder so ein, denn Alter, betagt sein Leben zu gestalten, hat andere Faktoren bereit. Not, Leid, Pein etc. sind ebenfalls mächtige Abstiege, das Alter zu bewältigen.

Wenn ich zum Beispiel einen Kollegen aus dem Amt entlasse, weil seine Frau eine Jüdin ist! So füllt man auf: »Sein und Zeit«. Aber dieses »Sichfüllen« hat mit dem Masse-Geäst eigentlich wenig zu tun. Oder doch?

Meinem Vater nahm man sein Reifgeworden, weil er nicht mit dem Volke der Berufskollegen in die NSDAP eintrat. Als Holzfäller musste er die Familie staatstreu, wie einst Sokrates, über Wasser halten.

Reifwerden ist für mich altersmäßig – als Zahl – immer ein Abstieg, wie ich ihn gestalte? Das ist im Grunde der einzige Tatbestand des »Sichfüllens«, und hier, an dieser Stelle, ist die Gliederung, meine Sprache dieses »Sichfüllens«, aus eins (1), die Muttersprache – bei mir DEUTSCH – in seiner Grundform Wort für Wort von Zahlen zu befreien; das ist mein einziger (1) Grund, das Reifen in die eignen Hände zu nehmen. Der Baum, die Eltern waren mir (auch hier wird Einzelnes dieses NUR) der Grundwert, erst einmal als Frucht vom Baume zu fallen.

Ich fiel – tief – hinein: im II. Weltkrieg geboren. Hunger, Leid, Not und Pein zergliederten den Tag, das Jahr! Daraus allein ergab sich bei mir das Sichfüllen, um reif zu werden allein, das noch mehr der Reife bündig mir gab. Musik – klassischer Gesang. VWL/BWL-Abschluss in HH. 10 Jahre Gasthörer an der Uni HH: Philosophie und Geschichte (66/76)! Meisterprüfung im Handwerk. Stipendiat am Johannes-R.-Becher-Institut zur DDR-Zeit als einziger BRD-Bürger mit Abschlussdiplom der Uni Leipzig: Literatur … usw.!

Als kleiner POET fülle ich jetzt Seite um Seite, um das »Sichfüllen« nicht abdriften zu lassen in die unumwundene Gefahr, selbst zu bestimmen im Alter gefüllt ein wenig altersweise zu sein. So ende ich – gefüllt – mit dem Gedanken, meine Eltern einbeziehend, im Alter nicht mit Laib, den Leib zu füllen, um betagt dann reif geworden, im Ich, auch in mir weiter (1) selbst – eins – zu sein: nur ein POET!

Eingegrenzt ist jetzt das Wachsen.
Jeder Flügelschlag des Falken, steht
er still im Äther, ist, ohne Faxen
Leben oder Tod. Ohne Gebet

beginnt der Regen Tropfen für Tropfen
– ein Puzzle die Träne allemal –
vollendet allein die Zeit das Klopfen.
Propheten ergänzen Wort und Zahl.

Religionen sind Fata Morganen gleich
zu blenden im Gut **auch** Böse zu sein.
Spiegelbilder verdecken des Falken Flug

auf die Beute. Der Knoten im Taschentuch-Reich
beantwortet im Wolkenkatalog den Schein
Vollstrecker oder Beute zu sein: im Lug und Trug.

Stein der Weisheit, er ungeboren
schwebt wortlos an der Klippe Rand.
Die Form der Harmonie in den Ohren
ersetzt das Auge als stummen Verband.

Dunkelheit bedrückt die Lava-Masse
die in der Wasserlache gaukelt dahin.
Der Stein der Weisheit ist gefunden. Klasse
war der Augenblick im Beginn

die Weisheit im Steine einzubinden.
Wortlos wie der Fisch umkreist der Gedanke
den Augenblick als Weisheit zu benennen.

Löse den Knoten im Sinne jenes blinden
Helden, der Lösen und Schwerthieb als Schranke
für sich als Weisheit anerkannte. Muss ich ihn kennen?

1
Ich's
Tage und Nächte mit anderen
gefangen in einem System: Ich!
Jahre, Jahrzehnte vergingen.
Mein Ich veränderte sich, nicht
das System!

2
Reden ist Silber ...
Schweigen! Wie oft vergewaltigte
ich mich zu schweigen und redete doch!

3
Geben
Gebt mir zurück,
was ich euch gab. Sie gaben!
Trotzdem warte ich.

4
Irrlicht
Nötigung ist, dem Licht einen Spiegel
– vorzuhalten – in der Hoffnung,
der andere glaube ein Licht zu zünden.

5
Sein und Wollen
Randgruppen nehmen sich wichtig,
weil sie auch – Masse – sein wollen.
(Sie sind.)

6
Selbstzerstörung
Muss Mensch Genie sein?
Nur weil er sich selbst zerstört?

7
Unzeitgemäßes
Auferstanden – ER – der auferstehen
konnte. JUDAS hatte Recht – ER
hätte alles beenden können. Wäre ER
früher auferstanden! (Ohne Kreuzigung etc.!)

8
Selbstüberwindung
Auch Licht kann man übersehen,
man muss nur – ständig –
an Dunkelheit denken!

XII

Notwendigkeit 12. Kategorie (Kant)
Der Nihilismus

1

Der Nihilismus schließt alle Notwendigkeiten ein, auch ein Nichtgeborensein.

2

Ungeboren streifte ich im Worte durch den Tag und frage mich: Wo bist du Mensch? Wo darf ich's sein?

3

Oft hatte ich das Gefühl als Unmensch geboren zu sein. Ungehört flog ich vorbei: nicht – nichts geschah. Da gab ich mir selbst den Ruck zu sprechen und begann mit der Notwendigkeit, ein Mensch zu sein!

4

So begann der Tag im Überfluten der religiösen Habseligkeiten ins Göttliche weltweit sich zu offenbaren. Und ich? Wortlos, grenzenlos dort, wo alles Göttliche an HEIM, dort fand sich niemand ein. Man kann dort nicht, mit der Macht dem Wort, gewinnen!

5

Nihilismus ist im Grunde nur ein Wortbeginn. Alle Religionen sind dort erhalten. Sie wissen's alle, nur niemand kümmert sich drum. Menschlich im Nichts sein Wissen zu dominieren? Macht als Wille, auch das ist dem Worte anhängig die Möglichkeit zu unterdrücken!

Der Nihilismus

S. 351. – Dieter Ahrend, Herausgeber des Buches »Der Nihilismus als Phänomen der Geistesgeschichte«, schreibt in seinem abschließenden Aufsatz am Endes dieses Buches – Titel »Die Überwindung des Nihilismus« –, »Nietzsches toller Mensch, aus der fröhlichen Wissenschaft« wird zur Symbolfigur mit seiner Frage »Irren wir nicht durch ein unendliches Nichts?«. Die Frage des tollen Menschen gilt denen, die nicht mehr an Gott glauben, sie galt als Aufforderung zur Reflexion der eigenen Situation, als Aufruf zur Überwindung des Nihilismus. An dieser Stelle mein Veto. Wie kann ich einen Gott überwinden? Dann muss ich selbst zum Gott mich hochstilisieren. Das hieße das Transzendente mit (1) neuen Transzendenten beweisen zu wollen. Das nenne ich einen erneuten Vorstoß zu wagen, den »Willen zur Macht« als eigenen Machtanspruch ins All zu stellen. Hat das etwa mit dem Entwerten der obersten Werte zu tun, um selbst Herrscher aller REUSEN zu sein, um als Zar im Sozialismus Lenin auf den Thron zu heben? Er sich selbst? Ahrend weiter: »Der Nihilismus ist die aus dem Nichts hervorgegangene und selbständig gewordene Negation, ist die Vereinigung des Idealismus.«

An dieser Stelle geht (geistig gesehen) der Autor aus der Zukunft in die Gegenwart, um die dort gegebene Frage des Nichts für die neue Zukunft zu erläutern.

»Gott ist tot!«, schrieb Nietzsche. Nichts mit Nichts löste er auf, so wie Ahrend seinen Nihilismus auflöst. Aber was lösen sie auf? Sie begeben sich in einen gedanklichen Kreisverkehr, wo jeder Punkt Zukunft **und** Vergangenheit zugleich **kann** sein, um den Punkt vordem oder auch nachdem zu beweisen. Nihilismus ist nichts anderes als die Diallele sich ständig im Kreis neu zu beweisen – mit Nichts dem neuen Nichts einen neuen Gott (hier Punkt um Punkt) zu offenbaren. Meine nach allen Seiten offene Parallele gibt jeden Kreislauf, der das

Unbekannte mit einem neuen Unbekannten als Umwertung aller Dinge bewerkstelligen möchte, einer Variablen hin. So folgt dem Kapitalismus, dem Marxismus, Leninismus, nur um als Mensch Kaiser oder nur König zu sein! Verneine ich Gott, dann muss ich dieses Phänomen WORT »Gott« überwinden. Mit den hochstilisierten Ansprüchen sich selbst als Mensch göttlich nennen zu wollen, entmachten wir uns selbst.

S. 353: »Für das dialektisch-materielle Denken indessen ist das Nichts nichts mehr als ein politisches Problem!«

Heute will man über Wasserstoffbomben diesen linguistischen Weg umgehen, um schneller selbst Gott zu werden? Sie sind wohl alle noch Erben jener Götter aus der Zeit Trojas, wo die Ur-Ur-Enkel die Gottgeburt weiterleben (vererbt!). Und der einfache Mensch? Will er das Göttliche überwinden? Nein, nur die Gräueltaten der Kirchenfürsten und die Verlogenheit, das Nichts zu hüten.

Es schneit. Die letzten gelb-braunen Blätter in den Baumwipfeln flattern im Frost, dem Winter entgegen! Unter ihnen, die Überwindung des Nihilismus, ergrünen die neuen Knospen. Ich sitze da und warte geduldig auf den Frühling. Die ersten Knospen brechen auf: Erstes zartes Grün nimmt unendlich gefördert in den Baumwipfeln weltweit ein seinen Platz! Und der Mensch? Er tötet Gott um Gott und malt Kreis auf Kreis in die Zeit! Will ich jetzt all die grünen Blätter zählen? Nein, aber ich heiße sie alle ständig aufs Neue willkommen: einfach so! Ich, irgendein Blatt, ein neues Nichts im Werdegang, sich ständig aufs Neue mit der Knospe – meinem Wort – sich selbst zu beschenken. Kreis? Nein, nur ein Mensch irgendwo, irgendwann geboren, das Nichts als mathematische Zahl erkannt zu haben, das machte mich zum Menschen: wenn es sie noch gibt. Manches Mal zweifle ich …!

Heidegger: »Das Alter entspricht der Frucht, im Sinne eines Reifens, das ich nicht als ein Absteigen, sondern als eine Art des Sichfüllens verstehe!«

***

Dieses Sichfüllen
nehme ich geschlossenen Auges wahr
um in tiefsten Hüllen
Süße bringe mir zum Hochaltar.

Das Moment ist aber vordem schon gegeben
zu entscheiden, womit fülle ich
dies Päckchen Leben
um nicht das Absteigen abendlich

mit dem Welken des Fleisches allein
die Zeit zu hinterfüllen.
Mit Alkohol und jener Esskultur

dem Geiste zum Schein
Leibesfülle mit kühnsten Düften?
Die Frucht des Geistes sei schattenlos deine Kur.

1
Mein Freund, das Ich, ein Wort,
ein Zeichen.
So bog ich in die Theatergasse
ein, um zu erreichen
das Gegebene: die eine (1) Scheibe Brot.

2
Ich fand das Unglaubliche:
einen Kreisel, der sich drehte.
Er sang sein Lied, wie Wort an Wort
der Tanzbär, wenn er die Dukaten
mit dem Maul auffängt.

3
Phasen an die Wand genagelt
bilden die Empfängnis,
Bilder zu gebären.

4
So fing ich an Gedanken einzureihen
dem Machtgedudel Gier und Macht
die Kehle mit dem Verstande einzulullen:
ich zu sein. Da beendete er seinen Krieg,
sein Ich stand ihm im Wege!
Der Kreisel sang nicht mehr sein altes Lied.
Stille lag er auf der Seite, wie das unausgepackte
Zeichen, das in sich im Worte selbst als Wort gebar:
Auch das Du in dir ist nur Maskerade!

Das viele Nichts

»Von nichts kommt nichts«, so des Volkes Mund.
Und in den Kasernen, vor den Altären
wird so langsam auch die letzte Straße bunt.
Wer will denn dort den Blumen-Rain gewähren

im Rausch nach Macht und Gier?
Nihilismus ist selbst mir Straßeneinerlei
ob Wissenschaftsmoral in Wort und Zier.
Verblichen ist so mancher Gedanke, vorbei

er, der aus dem Nichts entstand
zu gehen, um aufrecht zu stehen.
Doch dann traf der Befehl: Hunger, Not

Lebensarbeitszeit, das ganze »Väter-Land«.
Und jeder musste im bittren Vergehen
kämpfen für das »täglich Brot!«

Straße, welche Vielfalt
liegt in diesem Wort.

Kriege

Jetzt töten sie wieder.
Und keiner weiß so recht: Warum!
Im Stadium schnürt der Hass das Mieder
und legt die guten Gesetze krumm

an der Eingangspforte ab.
Recht und Unrecht abzuklären?
Der Sieger allein bestimmt das Grab
und die klingende Münze der Mären.

Alles für das Volk zu tun
das sind die ewigen Debatten.
Die klaren Augen, geöffnet weinen

lassen alle Toten ruh'n
als ob sie selbst den Schatten
im Rechte wollen das Volk vereinen.

Liebe
Wenn irgendwo sich Wesen
paaren … die Zeit ein Licht gebärt!

Worte
Bei einem Wort sollte man
vorbeischauen, liest man es.
Jeder Gedanke: ein Wort:
ein einfaches Bild.
»Wort ist ein Wort?«, fragte man mich.
Ein Gedanke, der das Wort befreit!

Politiker
Ein Politiker, wird er Wort
läuft Gefahr, im Schrei
überzeugen zu wollen.
Befehle sind meist einstudiert.

Schweigen
Schweigen ist ein Wort:
und zugleich das **längste**.

1
Junge Liebe ist dem Wort
am »nächsten« … je reifer sie.

2
Meterhohe Wellen: Wort. Getöse.
Und trotzdem
irgendwo läuft die Welle aus!

3
Flieht ein Licht an dir vorbei,
mag der Zauber – Hummelflug
dir zeigen: Auch du hast irgendwo
einen Tropfen Honig in dir.

4
Albtraum und Sehen:
wie viel Ähnlichkeit!

5
Zeit auf dem Tische?
Die Tageszeitung!

6
Eingepackt, verschnürt in Bild
und schwarzer Tinte: Supermacht.

7
Ein Licht verglühte,
bevor die Hand es auffangen konnt'!

8
Befehle sind die Hilflosigkeit
der Menschen: Macht auszuüben.
Strafen sind dann die Schwächen, die
sich daraus ergeben ... müssen!

9
Die Lichter gingen aus
und ich konnt' wieder sehen.

10
Verletze nicht mein Selbstwertgefühl
zu schweigen – sprach ich zu mir –
und ich schrieb auf:
Wie töricht ist doch das Licht!

11
Sollten die seltsamen Augen,
die bleichen ... meine sein?

12
Ein Mensch mordet nicht!
Er, der mordet, ist ein Unmensch!
Also? Der Mensch ist g u t !

13
Dann führt der Mensch, im Namen Gottes
Heilige Kriege! Jetzt dürfen auch die Guten töten ...
auch die Guten die Guten usf.!

1
Selbst – ein Wort
Jeder Schritt – gegangen –
kann ein Ziel erreichen.
Manches Ziel ist nicht einmal
einen Schritt von dir entfernt.

2
Besinnliches
Dichterisches Nachtgebet.
Frischbeblümte Auen tränen
Licht ins All. Sterne flimmern,
trinken Stille weit hinauf.

3
Der Anfang vom Ende
Geh den Weg zu Ende, den Neu-
beginn zu leben. Verharre, dass aus
Abschied Ankunft wird.

4
Nachäffer
Der Nachäffer der Form zahlt
sich aus. Kopie wird verkauft.
Form sucht Form – nie – selbst.

5
Schreibtischtäter
Aufgepflanzte Bajonette: Federkiele!
Kugelschreiber töten viele: Schattenhaft.
Blut und Geist beweist: Das Selbst!

6
Neider
Wo Welten sich in Vergleichen geißeln –
zu lieben – liegen auch die Gründe
für Ungeliebtes.

7
Hilflosigkeit
Das Wortlose gefunden. Wie
will ich diese Seligkeit weitergeben?
Mit Wörtern … was bleibt mir …!

8
Einfaches
Philosophie ist Suche nach Wahrheit
(so die weisen Bücher).
Ich fand Einfaches! Ohne Buch,
auch das g e h t … aber … langsam!
Dort fand ich mich: mein Wort!

Ausklang …
Wenn ich das Nichts auflöse? Wohin?
»In das Nichts«, sagte der Nihilist.
Und da stand ich – sehend –,
löste das Nichts als Kategorie
in die Nacht. Und es wurde Tag!
Die Quintessenz daraus
    ergab das Wesentliche aus der Sache:
      Da löste ich die Kategorie – Wort –
      in »Nichtwort« auf und schlief seligst ein.

Man sollte nicht ständig am Wort hängen,
sonst würde man all die Nichtwörter
übersehen, die irgendwann aus dem Schweigen
heraus uns Antwort geben möchten …!

August-Wilhelm R. F. BEUTEL

Die ersten Schritte in das Licht
Das schwarze Eichhörnchen

Buch III

Meine Liebe im Zeichen des Wortes
»Holzwege« – Das unvollendete Vollendete (die Sprache)

***

Es ist eine Frage der Zeit.
Blind vor Licht gleißt mir das Auge
über weißen Wahnsinn hin.
Der Adler schaut mit offnen Sinnen
ins Gestirn, das zugeblendet mir
die höchsten Höhen sperrt: da
schloss ich sie, die Augen,
sah dasselbe Licht.
Nur Fliegen wie der Adler?
Wenn ich einst wortlos bin,
kann ich auch das.
Meine vierbändige Ausgabe
»Die Liebe zum Wort«
ist mein kleines DENK-MAL
für das Wort: so, ich, ein kleiner Poet!

Mein Vermächtnis

Es kam der Tag, da waren
meine Hände Sonnen. Dunkelrot
verfärbte sich mein Wort.
Augen funkelten in meinem Blut
das Selbst erkannt zu haben.
Im Licht gebar das Nichtwort
sich in Fragen um, ich verstand.

Alle Schatten dieser Welt sind die
Skelette: Menschen.
Im Widerschein ergab sich
die Verbrüderung des Seins.

Das Geben aus dem Selbst
muss neu belebt dem Blute
Auge geben, damit das Antlitz
Mensch in sich noch weiterleben kann.

Inhalt

Philosophie, die Spur des Vergessens
Schritt Nr. 1

1.) Warum gerade dieser Titel? 2.) Das schwarze Eichhörnchen? Die ersten Schritte in das Licht?
Stillstand und Fortschritt auf allen Ebenen, wie gehen WIR damit um? Ergon und Energeia!
Beispiel: Schwarze, auswärtige und rotbraune einheimische Eichkätzchen. Wölfe mit Schäferhunden (in der Wildbahn) gepaart!
Für mich vorrangig das Problem: »Die Sprache«, deren Hintergründe, Ängste usf.!
Was wäre gewesen, wenn damals bei der Abstimmung in Amerika Deutsch im Zieleinlauf gewonnen hätte?
Dann: die Aussiedler – Menschen! Weiter dann die Pflanzen, Meeresbewohner – durch den Klimawandel Neuankömmlinge! Die Austern, Muscheln, die das Wattenmeer (Naturschutzgebiet) besiedeln.
Und dann? Du und ich! Licht bei Licht: Wörter!

A

Eine andere Herrlichkeit
Ein Baum wächst nicht nur
der Sonne entgegen,
sondern auch in die Erde:
ein anderes Licht.
...

B

Blühen
Kleine Blumen,
große Blumen: blühen.
In allem das Wunder des Blühens.

Geboren

Licht bei Licht
strömt durch das Leben:
ob weiß oder schwarz das Gesicht.
Alles ist ein Nehmen und ein Geben

in dem großen Aufbruch
sich das Licht ins Tal zu holen
um die Wörter im Gesuch
mit Sonnenstrahlen zu besohlen.

So gesehen wird das Tal
mir selbst zum Gipfel
weit hinaus ins Land zu schau'n.

Aber? Ich bedenke auch, wie fahl
Gedankenwipfel
ohne Licht und Freiheit aufzubau'n.

Der erste Schritt ist getan

Die ersten Schritte in das Licht:
Geboren!
Aus der Worte Angesicht
sprudelt mir erkoren

eine tiefe Sinnlichkeit
dem Tag entgegen.
Jene ersten Schritte im Geleit
das Denken anzuregen.

Ich denke nur – ich dachte! Das
war der erste Schritt ins Licht.
Aufzuwärmen ohne Grausen

all die Träume, die des Nachts das Fass
im Strömen, der Schritte Gewicht
die Dunkelheit versuchte zu zerzausen.

Karl Jaspers meint: »Wenn ich frei sein will, wenn ich mir identisch sein will, muss ich meine Herkunft in mein Selbstkonzept integrieren.«

Meister A. W.

Mit 17, nach der Gesellenprüfung (Familientradition – 3. Generation) Schornsteinfeger. Sofort, nach dieser Prüfung zur Meisterprüfung angemeldet, um dem Wehrdienst von der Schippe zu springen! Mit 22/23 dann Meisterprüfung im Handwerk bestanden, für das, was mir im tiefsten Grunde verhasst.

Tag der M.-Prüfung unter anderem einen 30 m hohen Schornstein von innen (ohne Steigeisen) 45/50 cm besteigen. Blanke nackte Wände, sie mussten mit blanken Füßen, blutenden Fersen, Knien und Ellenbogen durchstiegen werden. Beim Heruntergleiten dann mit dem Besen im Koppel dann den Kamin reinigen etc.

Nach dieser bestandenen Qual nahm ich mir eine Auszeit: 6 Monate Neapel – um Caruso nahe zu sein. 8 Jahre sparte ich, nichtrauchend, ohne Alkohol – mit diesem Ziel verbrüdert – dieses Ziel (auch wenn's nur ein kurzer Traum) Juli bis Dezember, dann trat ich mit einer Gelbsucht die Heimreise an. Vom Restgeld ließ ich dann Mutter nachkommen. Ich zeigte ihr Capri, Rom, Verona und natürlich Napoli. Ein kleines Dankeschön für das, was sie mit ihrem Sohn alles mitmachen musste. Ausbombung Hamburgs – II. Weltkrieg – Flucht aufs Land zu den Großeltern usf.!

Jetzt, in HH zurück, fuhr ich in die DDR, um meinen Jugendfreunden zu berichten. Danach ein längerer Spitalaufenthalt.

War ich danach wirklich ich? Zurück in die Rauchkanäle, die Kriechgänge, Fisch- und Fleischräucheröfen kratzen usw.! Täglich Kamine reinigen: bei Regen, Schnee und Eis. Messtechnik gab es 1952 noch nicht, auch nicht den freien Sonnabend.

Aber? Ich war Meister! Ich durfte mich zwar erst am 24. Geburtstag so nennen: Handwerksgesetz. Dann die Wartezeit bis zur Selbständigwerdung: 17 Jahre Wartezeit, um dann selbständiger Bez.-Scho.-Mstr. den Bezirk um den Flughafen HH Fuhlsbüttel 25 Jahre lang zu betreuen. Das soll es gewesen sein? Meister A.W.: VWL/BWL-Abschluss im Handwerk. 10 Jahre offizieller Gasthörer der Uni Hamburg für Philosophie 1966–76.

Als BRD-Bürger ein Stipendium am Johannes-R.-Becher-Institut (DDR) mit Abschlussdiplom der Universität Leipzig: Literatur!

Jahre im Vorstand des deutschen Nietzsche-Kreises Essen/München. 3 Jahre Wanderschaft (im Handwerk: Schweiz – Bern/Basel), dort im Fernsehchor der Schweiz. Mitglied im Dt. Schriftstellerverband und der HH-Autorenvereinigung. Jetzt? Pensionär! Was blieb? Ich! Und dort beginnt (seit 2003) mein eigentliches Dasein, heute, 2018 (80-jährig), das Denken über das, was w a h r wurde, als Teil des Seins in meiner Zeit! Jede dieser Zeilen ist in sich schon ein Epigramm an die Zeit der Qualen, des Suchens. Meine folgenden Zeilen sind der Atem eines Wesens, das w a h r wurde alleine durch die Zeit.

I
Der Blick in die Wüstenei: Sand!
Ab und an – ein Baum – ein Strauch,
das ist mein Leben: Oase
im Schreiben! Jede Palme ein Wort.

II
Der Blick in die Horizonte.
Baumumgürtete Vulkane in Reih
und Glied, das sind die Qualen
im vergessenen Lied.

III
Alles in der Schwebe … welch ein Wunder:
Ich lebe!

Schritt Nr. 2
Meine Wahrheit (Sprache. Ergon und Energeia.)

Vom Ergon (Stillstand) zur Energeia (dem Fließen), dem Fort-schreiten der Veränderung, die Wirksamkeit, die Tatkraft, die Bereitschaft zum Handeln etc.!
Heute, 2018, drei Eichhörnchen stellten sich an meinem Futterhäuschen ein: für meine Meisen. Ein Rotbraunes mit blendend weißer Brust, so das Bild aus Kindheitstagen: Das liebte ich! Ein zweites stellte sich ein. Das schien ein Mischling zu sein. Es war dunkler im Fell. Aber dann? Dann kam ein schwarzes Eichhörnchen, verjagte die anderen zwei und behauptete das Häuschen für sich allein – und die Nüsse oben-drein! Ich verjagte es, da es stärker war und somit die zwei Einheimischen vom Fressnapf verjagte.
Oktober war's! Das Spielchen gestaltete ich 14 Tage lang. Da sah ich einen Film, in dem ein Mischlingswolf erschossen wurde (Paarung Schäferhund und Wolf), man wollte, so die Wissenschaftler, die reinen Gene WOLF erhalten.
Meine Stirn kräuselte sich, und ich stand wieder auf, um das schwarze Eichhörnchen zu verjagen, das die anderen körperlich Unterlegenen verbiss!
Doch plötzlich stoppte ich meinen Schritt. Setzte mich. In mir keimten ganz eigenartige Gedanken.

1
Weihnachtsmarkt im Norden. Man wollte einen Weihnachts-
markt einmal modern gestalten. Sie umringten den gesamten
Markt mit Lichterketten, die gespendet wurden, und nannten
DAS dann nicht mehr Weihnachtmarkt, sondern Lichter-
markt. Als dann aber noch ein riesiges Plakat, mit Tannengrün
bekränzt, ein lächelndes schwarzes Kindergesicht bekrönte, da
war es mit dem Fortschritt vorbei. Der Bürgermeister bekam,
als übelstes Fernbrieflein, eine Morddrohung und sonst noch
andere arge Hinweise, solche Scherze in Zukunft zu unterlas-
sen.

2
Ich sah meine drei Eichkätzchen. Wie entschied ich jetzt?
Verjagte ich das schwarze?
Keiner würde etwas bemerken!
Aber ich! Ich bemerkte ein ungutes Gefühl im Innersten
hochkommen! Ich hielt inne. Warum, wusste ich
in dem Moment selber nicht.

3
In England heiratet der junge Prinz eine Amerikanerin.
Die Eltern
weiß und schwarz die Haut.
Wieder sah ich mein schwarzes
und das nicht mehr rotbraune.
Und meine Falten auf der Stirn
wurden dunkel und unklar!

4
Nach dem mendelschen Erbgesetz, so lehrte es mich die Schule:
Kreuze ich 10 weiße und 10 rote Nelken, dann erhalte ich rosa
Nelken. Es könnte aber auch eine weiße oder rote in der Zu-
kunft aufkreuzen. Käme jetzt ein schwarzes Kind in der drauf-
folgenden Generation zur Welt, dann wäre das ganz normal.

5
Das Ausmaß: König hin, König her beginnt im Tagesgesche-
hen! Ich wünsche ihnen ein weißwangiges Kind, da ich die
Menschen aller Länder glaube zu kennen.

6
Heute war etwas Sonderbares geschehen, ich ließ das
schwarze Häschen gewähren. Warum? Ich begann
tief in meinem Innersten die Läden zu öffnen:
Ergon und Energeia in die Hand zu nehmen!

7
Meine Großeltern hatten einen Polen, einen Kriegsgefangenen,
als Knecht – so sagte man damals –
zur Erntehilfe etc. verordnet bekommen.
Ihr Sohn, mein Onkel,
er fiel im Krieg im fernen Russland.
Der II. Weltkrieg lief vor meinen inneren Augen ab.
Ich, Flüchtling aus der Großstadt Hamburg:
ausgebombt, wir lebten nach der Flucht
bei den Eltern meiner Mutter
hier im Mecklenburger Raum.

8
Er und ich, wir waren uns fremd.
Die Hautfarbe war ja bei beiden weiß.
HIER war das also nicht das Problem.
Es dauerte nicht lange und wir waren Freunde
bis auf den heutigen Tag!

9
Er starb als alleinige Manneskraft
und bewirtschafte den gesamten großelterlichen Hof.

10
Kam die Kontrolle des Führungsstabes
der Wehrmacht vor Ort – II. Weltkrieg –,
dann musste er schnell vom gemeinsamen Abendbrots-
tisch in die Küche, dort stand für den Hund
auf dem Herd ein Napf mit dem Restessen für den
sogenannten Kriegsgefangenen.

11
War die Kontrolle vorbei, kam er wieder lächelnd zu Tisch
und aß, wie immer mit uns gemeinsam zu Abend
zu Mittag oder zur Kaffeezeit.
»Dem Hund geht es gut, er hat jetzt sein Fressen!«
Und wir lachten alle: königlich.

12
6-jährig, Zweitklässler ich. Auf dem Dorf gruben
er und ich die Grube im Nachbarhügel aus,
bedeckten dieses tiefe Erdloch mit Bohlen
und Brettern. Sand und Soden drüber. Das war unser Bunker
für 4 Erwachsene, 4 Kinder …
und einen Kriegsgefangenen!

13
Der Krieg war aus!
Amis besetzten das Dorf: Weiße und Schwarze!
Sie stiegen in Großmutters Keller ein,
nahmen sich Wurst, Schinken, Käse usw.
wie das schwarze Eichhörnchen –
HEUTE – vor meinem Fenster!

14
Wir gruben ein, das, was uns gut und teuer.
Wie die Eichhörnchen verscharrten wir
Weiße vor den Weißen
unsere Habseligkeiten!

15
Fortschritt, dachte kindlich ich.
Dann kamen die Tommys,
das gleiche Bild:
Weiße und Schwarze!

16
Als die Russen sich ankündigten,
zog es uns per Fahrrad – 100 km –
in die zerbombte Großstadt Hamburg zurück.

17
Hier waren die Vogelfutterkästchen,
Lebensmittelmarken und das Maisbrot wurden rationiert.
Eine braune Paste, undefinierbar, war unser Brotaufstrich.

18
Wir schrieben das Jahr 1937, es war ein Montag – am Morgen:
Null Uhr 30.
Mein JETZT stand als Licht vor der Tür!

Schritt Nr. 3

Meine Wahrheit: Sprache!

Einklang

Meine Wahrheit ist, das Licht vom Berge, mir, ins Tal zu holen,
ins Wort.
Die Devise bleibt; kommt das Licht nicht zu mir ins Tal, muss
ich den Berg hinan, um es mir zu holen: Wort für Wort.
Meine Epigramme (Sinntexte)
fasst wortlos,
und doch Wort.

Wahr ist alleine die Vergangenheit.
Das Jetzt und das Morgen sind noch nicht
in der Zeit, nur Sein,
bis die Zeit sie eingebürgert hat.

Um dort dann WAHR zu sein … Zeichen!

Zu meiner Person

Ich zu Ich

›ich bin‹ ein Jäger mit den Augen:
Friede.
›ich bin‹ ein Suchender im Wort nach mir:
Verschwiegenheit.
›ich bin‹ so glaube ich noch
ungeboren: Liebe, ich lebe außerhalb der Zeit
bin ich noch tot?
›ich bin‹ der reichste Mann der Welt
denk ich an all mein Fühlen: Sehen!
›ich bin‹ mit all dem Reichtum
dieser Welt bestückt, ich lebe heut und hier.
›ich bin‹ zum Sehen für das Morgen
mit der Liebe ausgestattet in all der
Dunkelheit noch Licht zu sehn:
›ich bin‹ ein Jäger. Ich liebe, also lebe ich!

So fand ich mich: Ich!

Ahnenforscher fanden heraus: Alle sie,
die mit dem Namen BEUTEL versehen sind,
müssen Jäger und Sammler gewesen sein.
So kehre ich HEIM: Jäger und Sammler
im Wortsinn zu sein.

Das Wunder der Sprache

Schiller, Goethe, Johann G. Seume, Hegel und viele mehr loben die Sprache zum Wunder empor, aber wer machte sich die Arbeit, dieses Wunder den Menschen näherzubringen?

Sloterdijk sagte:»Der Philosoph und der Poet treffen sich in derselben Arena.«

So gut, so schön. Aber? Wohin gingen sie nachdem?

Das Wunder Sprache ist die einfachste Tatsache von der Welt, nur wer spricht sie aus, diese Einfachheit?

Die Wissenschaftler benutzen Wörter, Fremdwörter, um das zu bewörteln, was doch so intelligent erscheint, je mehr Fremdwörter in einem Satz Platz sich verschaffen.

Ich beginne mit einem Beispiel, ein Versuch, das Wunder Sprache mit dem Gegebenen, dem Wort, an das anzunähern, was wir täglich versuchen: den anderen zu verstehen.

Das Grundübel dieses Wunders ist es, es ist im Grunde – zu einfach: und das will man nicht w a h r haben.

Steige ich in einen Ballon, oder ein Flugzeug, dann entferne ich mich langsam – auch schnell – von dem Gegebenen zum Beispiel das Wort Erde! Zuerst ist's ein Gewimmel: der Flughafen. In meinem Beispiel das Wort, mit Menschen, Häusern, Autos, Bäumen, Alleen angefüllt. Aus dieser Vielheit Erde – bei mir das Wort – entfernt sich das Flugobjekt mit mir, von der Oberfläche Wort: Erde! Ich entferne mich mit dem Gedanken in die Höhe. Die Menschen werden kleiner, die Straßen werden Stege, ganze Landstriche ergeben Schachbrettmuster – zum Dame- und Mühlespiel. Weiter geht der Flug. Erste Wolken sind zu sehen. Matt und neblig wird der Untergrund meiner Heimat Erde – Sprache: Du mein Wort!

Höher führt der Flug, der Gedanke! Die erste Schranke ist erreicht, unter uns die Wolken, und über uns lacht die Sonne – wie mein Wort! Noch höher? Dann werden die Flüsse (falls sie noch zu sehen) Rinnsale, wie die Wörter uns unerklärlich vorkommen: wie Traumwelten etc.! Gehe ich gedanklich höher und höher, fühle ich mich den Sternen nah und von der Erde – dem Ausgang unseres Wortverstehens – ist nichts mehr zu sehen.

Wir nehmen irgendeinen Punkt in unseren Gedankenkreislauf auf – so auch das Wort – und entfernen uns mehr und mehr vom eigentlichen Thema: Verstehen!

Der transzendente Raum öffnet sich dann, und jedes Wort wird dir zur Utopie:

Das, was durch unsere Milliarden Gehirnzellen rinnt, um irgendeinen Laut zu gebären, das wird zu 100 %, so meine ich, wohl sowieso nicht zu erfassen sein, auch wenn die Wissenschaft die Unendlichkeit errechnet und im Negativbereich den Zahlenapparat in Anspruch nimmt – die Seele selbst in den Himmel zu nehmen: Wohin mit der Seele? ... Ein Wort aus dem Negativbereich – unergründlich.

Kehre ich aus diesem Weltraum zurück, Wort für Wort, dann nähern wir uns langsam wieder dem eigentlichen Ausgangspunkt unseres Gespräches – Verstehenwollen – über das Wunder Sprache.

Zuerst Flüsse, Felder, Wälder – dann Straßen, Autos und Menschen. Gelandet dann sind wir am Ausgangspunkt zurück, irgendeinem Wort!

Durch das gemeinsame Entfernen und wieder Annähern unseres Ausgangpunktes merken wir, wenn wir es wollen, diese Urgewalt, die hinter dem Verstehenwollen steckt.

»Aber wo ist jetzt das Wunder Sprache?«, fragst du! Das Wunder allein ist die alleinige Erkenntnis, dass jeder Begriff seinen Blickwinkel hat: Nähe wie Ferne! Bleibt der eine (1) am Boden und der andere steigt tiefer hinein in das Geschehen »Verstehenwollen«, dann merkt man, wenn man will, wie menschlich dieser Ausflug in die Unendlichkeit jedes Wortes: dich selbst beinhaltet.

Der Trugschluss aber – so ich – ist die totale Verselbständigung von Wort und der Begebenheit, alle Hintergründe dem anderen klarlegen zu wollen. Denn dort beginnt das eigentliche ganz natürliche Wunder Muttersprache, der Sprachen der Welt insgesamt – die stille Hinwendung mit eigenen Wörtern des anderen Wortes zu hinterfragen!
»Oh wie langweilig!« und dann wendest du dich ab. Warum?

Weil du das eigentliche Wunder, den Hintergrund der Wortgebung, insgesamt nicht einsehen willst, nur annähernd 100 % den anderen zu verstehen. Annäherung an den anderen, das alleine ist das Wunder – Sprache – Zeit und Muße aufzuwinden: zuzuhören. Dort beginnt alleine das Verstehen von der ständigen Vielheit –Wort – auf die Einheit – Wort – sich gemeinsam einzufinden. An der Stelle – dann – versteht man das Wunder Sprache. Beobachtet man so, dann setzt das Verstehen ein, erkannt zu haben. Das Wunder Sprache ist nur stets der Teilbetrag von dem, was die Synapsen und Neuronen uns durch das Gehirn freigeben – im Händedruck – mit dem anderen gemeinsam das Wunder Sprache verstanden zu haben. Die tiefste Annäherung wäre damit das Wortlose, und da beginnt das Wunder Sprache zu atmen, und man formt neu aufs Neue: Wort an Wort! Hast du das verstanden? Du lächelst wortlos und gibst mir zu verstehen: Ach so meinst du das, ich versteh!
»Aber warum kann ich nicht 100 % den anderen verstehen?«
Jedes Wort trägt in sich so viele Atemzüge, wie es Menschen auf der Welt gibt. Und es kommen ständig neue Menschen hinzu, die ihren Atem leben wollen. Willst du seinen Atem verbieten? Dann frage nicht nach, sondern schrei und widersprich ihm, dein Atem sei dir heilig … wie dein Wort!

Denkst du darüber nach; auch das schließt Verstehen ein, aber nicht so, wie ich es meine, der den Atem des anderen fließen lässt!

Sage bitte nichts mehr, sonst sind wir beim Negativ-Atmen angelangt … aber wie lange willst du deinen Atem anhalten? Dann sind wir im Zahlensystem gelandet und dort zählen wir ab. Wer den längsten Atem hat, der hat Recht: Wunder über Wunder und ständig, Wort an Wort! Auch das ist Sprache!

Ich besteige den Ballon, irgendein Wort und fliege davon! Und in der Hand den einen (1) Stein: Ich kann verstehen, warum die Sprachen in ihrer Einfachheit nicht erkennbar sind. Darum schreibt Schiller vom Wunder Sprache. Und Wilhelm v. Humboldt schreibt: »Die Sprache und ihre Verschiedenheit müssen als eine die Geschichte der Menschheit durchwaltete Macht betrachtet werden!«

Wehe, wenn der meine Atem mir stockt: Es tut mir oft sehr weh! … dieses Nichtverstehenwollen auf der Welt … zu verstehen.

1937

1

Mein Leben in Epigrammen ...
Ein Schrei. Das war ich: geboren!
Mitternacht vorbei.
Heute war mein Ich
aus dem JETZT – wahr – geboren!
Das Heute war w a h r, ein Ich-
geborenes im Jetzt der Zeit.

2

Damals Einheit – 1937 –
22. November = HEUTE, Null Uhr 30 – Geburt
21. November = gestern: Vergangenheit – Nichts
23. November = Zukunft ...
heute wieder Vergangenheit.

3

Heute, morgen, gestern.
Damit ist die Muttersprache entlarvt:
Einheit und Vielheit wurden eins bei mir,
mein JETZT ... in der Zeit.

4

In dem Moment ward das Jetzt
zum Plagiat,
da diese Einheit
zur Masse, Vielheit deklariert wird.

5
Ich = Ich; so (Fichte), ein anderes Jetzt
und doch nur JETZT: ein Zeichen!

6
Dort ist das Wunder Muttersprache auf der ganzen Welt,
wo wir erkennen: DAS was w a h r und war!
– Allein durchs Gewesensein.

7
Dort, wo das Morgen in der Unendlichkeit wandert: dort, wo
die Vergangenheiten aus der Unendlichkeit kommend zum
gemeinsamen JETZT werden, zum menschlichen Wort: Nihi-
lismus, Nichts, Gott, Mohammed, Manitu usw. Dort löst sich
dieses eine Jetzt auf ... um Einheit zu werden, zum Wunder:
Muttersprache!
Wenn man dann das Licht, diese Wahrheit, vom Berge ins Tal
zu holen gewollt ist, bekommt jeder Schatten einen anderen
Sinn.

8
Dort, wo das Licht nicht zu mir kommt, dort muss ich ins
Tal – zu mir – und der Schatten wird zum Licht: Wortverzicht!

9
Im Horizont wird das All nach allen Seiten zum Brauch, die
Sterne in die Hand zu nehmen ... und die Sonne auch!

10
Doch dieses Jetzt existiert so viele Male
auf der Welt, wie Menschen die Erde bevölkern.
Und schon wird mein Jetzt nur ein Plagiat.

11
Der Punkt – SEHEN – wird zu einem Spiegelbild.
Du schaust hinein.
Und siehe da: Du warst auch dort
schon zu zweit.
Das ist das Du im Ich!

12
Irren ist oft dem Erkennen
in die Wiege gegeben
denn irren ist der alleinige Weg
zur Wahrheit insgesamt.

13
Vater hisste die Fahne
bei meiner Geburt.
Er zahlte die Strafe gerne.
Manches Mal ist das Gesetzlose
die Wahrheit des Einzelnen
und wahrer als wahr.
Eigentum des Moments.

14
So lief das Jahr 1937 vorbei
und ein anderes Wahr erfüllte im
Nachherein diese Zeit.

14 ...1938
2 Monate lebte ich jetzt 1938 schon
im elterlichen Schoße.
Geboren in dem Licht der
Aufgeschlossenheit die Muttermilch
noch wortlos einzunehmen:
ohne Geschrei!

15
Geboren ist das Vakuum
sich an sich zu erinnern.
Alle Schatten hören auf
wirst du im Wort zum Licht.
Ich hatte jetzt einen eigenen Namen.
Licht, du meine Bahnwelle ins Tal.

16
»Glaube versetzt Berge!«
So sagt der Volksmund.
Aber wohin? In die Täler!
Abgründe, denn wie kann ich
sonst Berge auf Berge versetzen?
Schaumschlägerei.

17
Wenn ich – Ich zu Ich – auf das Papier
banne, dann erhebe ich das Ungeheuerlichste
diesen Anspruch Mensch zu sein, allein
durch die Einheit: – an die Masse –
wortgebunden, zu sein: (1) Mensch!

18
Auf den Wegen durch das All
bin ich ein unsortiertes Licht
im Grunde nur der Schatten,
sonst wäre ich nicht sichtbar.

19
Ich ist jene Tiefe, die uns mitgegeben
wurde, auf dem Augapfel den Funken
dieses Daseins Mensch selbst zu bezeugen:
Bin ich ich? Im Grunde nicht …s!

20
Wie kann ich von Zeichen
zu Zeichen ein Bild von mir gewinnen?
Ich trat aus dem Bannkreis – Ich –
heraus, wurde ein Du im Zeichen –
mehr nicht!

21
Das Ewige? Ein Wort. Ein (1)
Zuckerschlecken, gebierst du es aus
einer Seligkeit des Augenblicks,
dann wird es – dir – dies Unsagbare zur Ewigkeit:
... JETZT ...!

22
Wahrheit ist dort wahr, wo
die Gegenwart hineinschreit
in die Vergangenheit. Ob gut oder böse?
Das ist dem W a h r völlig egal.

23
Auf der Andacht Gipfel
stürmt oh Graus
ein grausiger Wind –

24
Das WAHR im »War – gewesen – sein«
als Zeichen allein
gebärt das Kind
in das Abendrot hinaus.

25
Jung und Alt
geben sich die Hände
den wahren Zeitplan
zu kreieren.

26
Relevante Verhältnisse als
wahr zu durchschauen?
Welt, das All – sie sind w a h r
in der Vergangenheit allein.

27
In der Zukunft bleibt das Wort
»Geheim« …: geheim!
Der Glaube löst sich auf:
wird WELT.

Schritt Nr. 4

Leben im Sein der Zeit.

Nicht von dieser Welt
und doch: geboren.
So erfülle ich – als Held –
den Morgen mir. Erkoren

löse ich der Erde Angesicht
im Dasein – weltbeseelt –
der Meridiane Augenlicht
und öffne so gestählt

die Fesseln
um des Leibes Rund
den Kelch zu erheben:

angelehnt – in Sesseln –
dem ständigen weltlichen Bund
Worte stets ohne Zahlen neu zu beleben.

Text zu Schritt Nr. 4

1

Wann wird dieser Segen Liebe, Sein: Zeit?
Ein loser Zeitvertreib, auf den Menschen betrachtet, ist
die Gegenwart zu durchschauen.
Dem alten Wahr in der Vergangenheit als
Wort zu nutzen, um zu sehen. Die Augeniris
vom alten Wahr, die Scheiben putzen.
Die Gesundheitswissenschaft in Indien besagt:
auch wir wollen dort »zuhause« sein
wo Deutschland und die anderen reichen Industrienationen
verkokelten das All.
Auch das ist in der Vergangenheit: WAHR.
In der Zukunft?
Dort muss an der Gemeinsamkeit
gefeilt, das alte Wa h r, als Zeichen, überholt
in das neue noch fragliche Wahr eingegliedert
werden. Denn? Die Zukunft spielt in anderen
Regeln – Bildung zentral –
am alten Wahr vorbeizuführen.
WAHR, war – Ist und Sein –
darf nicht allein ein Fanclub
des Verdrängens sein.

2

Ich bin in meiner Meinung an von heute an
gewesen: Wahr …
es ist NUR Vergangenheit,
mehr nicht!

3
Der Pragmatismus als Grundgedanke
ist ein Zeichen, die Zeit ins SEIN zu holen.
Selbstverständnis beflügelt
Wort und Zeichen hinab
oder hinauf:
noch steh ich in der Ebene …:
die Feder schweigt!

4
Die Maxime auf Sein und Zeit
zu übertragen löst das Machtverhältnis auf,
die Gesellschaft in der Masse zu sehen.
Masse schließt den Einzelnen
immer aus. So wird aus dem Bauern
vorher Kommunist – reich geworden –
ein Kapitalist: Danach war die Revolution
vorbei …!

5
Die Idee, Sozialreformen einzufordern, ist
im Grunde nur eine Begriffsbestimmung,
die der Form wegen zur Norm
erhoben wurde …!

6
Experten herrschen über Gut
und Wahr alleine. Das ist
philosophische Tradition:

Gedankenspiele! In die Geschichte
einzugreifen lässt alle Wahrheit schweigen –
der »Wille zur Macht« überdröhnt das
Knurren der Mägen in Fernost
und in den Wüstengebieten:
auch menschlich zu betrachten.

7
Politische und moralische Geschichte?
Sie stanzt die Begriffe ein in die Wort-
Parole Euro oder Dollar-Denken?
Moral ist die gewählte Partei, das
Gesetz wird gesetzt …!

8
Die Begriffe von 1 bis 10
sind die Finger an der Hand.
Sie geben den Befehl,
ob Gebot oder eine andere Regel,
gleich der Konfiguration der Sterne am Himmel.

9
Dort, wo sich am Rande –
links und rechts – vom Regenbogen
die siebente Farbe zu erkennen gibt,
dort beginnt mein Wort.

10
Dort, wo sich am Rande –
links und rechts –
das Satzgefüge des Denkens
zu erkennen gibt
dort – allein – bin ich ZUHAUSE!

11
Dort,
wo sich am Rande –
links und rechts –
Arkadiens ein Regenbogen bildet,
ist der siebente Himmel anzusiedeln – wortlos:
wie das Licht!

Schritt Nr. 5

Die DIALLELE (durcheinander) heißt die Zirkeldefinition,
bei der das Definierende zur Definition
verwendet wird, sie ist somit in der
logischen Form dem
»Circulus vitiosus«,
dem Beweis durch das
zu Beweisende, selbst gleich! (Phil. Wörterbuch)

1
Die Diallele – Kreisverkehr

Bist du im Kreise
der Verfahren in dem toten Ringverkehr
führt die Bahn, so zum Beweise
nur das eine Ziel: Zeit-Verzehr.

Denn! Wenn du nicht den Kreis dir zur Parallele
sprengst, den Blick erhoben
dann nutzt dir auch die Diallele
im Gebrauche nicht, denn verstoben

gilt die Bahn, die du wirst gehen
mit dem Blicke in die Zukunft
unter, in dem Trubel der Gesetze. Die Richtung

öffnet Sehen dir, nur im Verstehen
jeder Kreis ist Blickpunkt der Vernunft:
Morgenröte meiner Sinne Dämmerung!

2
Die Wortgrenze erreicht, dort
wo es nach W. Borchert keine Vokabeln
gibt für das Seufzen sterbender Häuser
für das metallische Geschrei der Granaten.

An dieser Stelle läuft mein Geist
wie ein gefangenes Tier, an Gitter-
Stäben auf und ab und sieht
am fernen Firmament: Ufer? Nein!

Neue verschlossene Türen: Sehen
stellt sich ein … der neue Horizont.

3
Alarm. Nächte. Kellernächte.
Angst. Gebete. Schreie in unendlicher Stille
endend: Sprachlosigkeit!

4
Alarm. Tränen des Erkennens. Herzklopfen –
betrachte ich das Gestern: Jugendzeit!

5
Sirenen heulen auf. Noch heute schrecke ich
zusammen, klingt dieser fürchterliche Ton
vom Turm, Mittagszeiten zu verkünden.

6
Gestern und Heute zu verbinden?
Das ist das Morgen für meine ZEIT!

7
Von Heraklit sind rund 130 Fragmente in Form
von Aphorismen überliefert ... seine Epigramme!
»Alles, was wir gesehen und gegriffen, das lassen wir da,
was wir aber nicht gesehen und nicht gegriffen, das bringen
wir mit.«

8
Es geht ein Rundgesang durch Zeit und Raum,
die Menschen: nicht zu verstehen.

9
Weit ist die meine Traurigkeit geworden
hinaus in die Zeit, den Wunsch höher
zu behandeln als das täglich Gegebene: das Leben!

10
Möge einst das Tageslicht die Nacht erhellen, dass
der Ruhm, sich zu gebären, jede Dunkelheit
erhöht: Tag und Nacht als Einheit zu verstehn.

11
Und du sagst selbst zu dir: Es werde Licht.
Und was geschah? Die Morgenröte brachte
es an den Tag.

12
Heraklit sagt: »Es gilt wach zu sein, um die
Rätselhaftigkeit des Kosmos zu verstehen, um
die Doppeldeutigkeit dieser Welt,
die doch Eine ist, zu begreifen.«

13
Goethe schreibt: »Das Ewige regt sich fort
in allen, denn alles muss in Nichts zerfallen, wenn
es im Sein beharren will.«

14
Die Geburt der Philosophie begann im Grunde
in dem Moment, wo der Mensch bewusst
zu atmen begann.

15
Es gab leider noch kein Wort für das Wort.

16
Rilke schreibt dann – vom Atem –
als das unbekannte Gedicht.

17
Wie viel schöne reine Reime sind
uns im Grunde verloren gegangen, da
es damals – dort – noch keine Wörter gab.

18
Heute geben wir im Handumdrehen
dafür Zeichen aus! Sie bleiben Zeichen!

19
Wie viel Licht ging uns Menschen
dadurch verloren.
Lasst uns in Zukunft den Atem
über alle Zeichen erhalten.

20
Mein Profit, sich selbst zu leben
wortgetreu, er war zu hoch.
Kein Stargebräu sich zu erheben
das Licht des Tages zu ergreifen, doch

bleibt die Spur des Vergessens
auch das ist meine Sicht
alles zu ermessen.
Die Zahl erhob sich zum Wortverzicht.

Da begannen die Sinne zu schwinden
im Wirbel der Ausgeburt
vom Sein und Zeit – das Selbst gestreift –

Die Sinne schwanden in linden
Lüften dahin. Der Gurt
war zerbrochen: Die Idee war gereift.

21
Nicht jeder gibt den Atem frei.
Ich tat es, wortverloren
um zu gesunden, so im Einerlei
der meinen Maske – Wort – erkoren.

Die Ausgeburt des Suchens im Arrest
eingebauter Fluchtgedanken
sich dem Atem hinzugeben? Als Fest
einzufangen, das Lied, das ranken

möchte ein, das gegebene Produkt
Ziel mit Ziele auszutauschen.
Die Animation, den Kreis zu öffnen, sinkt

mit dem Schlussakkord im Viadukt
die Sterne zu zählen, dort, wo im Rauschen
Wort im Worte ungelöst: ertrinkt.

22
Die ersten Schritte in das Licht
verfärbten Au und Heide
da aus dem frohen Angesicht
der Morgensonne Kleide

ein munteres Lächeln formte
schwarz auf weiß
das, was Welten normte
auf Geheiß.

So lag umstritten das Poem
als sture Reklame am Saum
des Hanges Grund, zu sehen

geschlossenen Auges das Echo, vom Diadem
alle Lichter zu löschen, im Traum
jeden Reim als Edikt* zu verstehen.

---

*   Edikt, das – aus Rohstoffen ausgeschiedener Stoff.

23
Das alles ist w a h r,
nur weil es war.

Ein Teil von mir,
meine allergrößte Zier, – ist –
mein wortbekennender Ort.

Meine Philosophie
als Spur des Vergessens
wird zum Sein der Zeit
ein Abziehbild der Spiegelwelt.

… und im Spiegel – ich –
nur irgendein Begriff
auf dem Endlos-Riff!
So fand mich das Licht.

Schritt Nr. 6

Weißer klirrender Wintermorgen
öffne deinen Schutzumhang.
Bunte Formen dich umsorgen
Einlass zu gebieten des Frühlings Sang.

Schneeglöckchen im Eisgewand
dem Frostgewande grüßen.
Erste Spitzen Grün in meiner Hand.
Die Unschuldsschicht der ewig süßen

Aufbruchstimmung: Glöckchenklang.
Im Stadium des Aufbruchs zu gestalten
versäume nicht die Unschuld MAI

all die Lichter zu beglücken – mit Gesang
gleich der Vögel Schar, den Atem zu erhalten:
Maigrüne Zauberklänge der Schalmei!

B 1
Reize, ihr Stromschnellen, die das Auge
beflüstern wie das Pollenfliegen:
zu Beginn der Maienzeit.

B 2
Reize, ihr stummes Wortgefüge,
die im Kosen Frühlingsnächte in die
Schranken weiset: aufgeblüht.

B 3
Reize, ihr Fragmente,
kühn und abgehoben fliegen mit mir
in die Nacht hinaus
vom Tage zu künden.

B 4
Eine Knospe, die allzu lange Früchte
in die Erkenntnis speiste. Der Reiz
im Sinn: Dahin. Ein Spiegelbild.

B 5
Ausgereizt sind die Begriffe: Die Reize sind
erblüht. Und die Ausgeburt zu begreifen wird
zum Endlos-Wort, jener Ort, wo alle Stunden sich erheben
aus der Zahl heraus (1) Licht zu sein.
Gandhi sagt: »Wenn niemand hört auf deinen Ruf,
dann geh allein« …: ich ging – und ich fand mich!

1
Heute erwacht. 4 Uhr in der Frühe.
Wachgeküsst vom Schweigen der klirrenden
Federn auf dem blinden Papier.

2
Auf den Blättern ist das Dasein eingraviert:
Herbst! Aschfahl fällt das Blatt,
das Wort, zu Boden, wird Gesetz,
nur weil es einst Grün das Licht
in sich hineingebar.

3
Auf den Höhen liegen die Weissager
in kleinen Gruppen und besprechen
den Glauben! Welch eine Höhe haben sie
überstiegen, um das Unfassbare fassbar zu machen?
Sie glauben, um zu wissen!

4
Das Transzendente, die Kohle in der Hand
öffnet die Ofentür und wirft all die Wörter hinein,
die das Licht als Zeichen erkennen kann.
Was geschah?
Es brannte zu Asche, das war der Glaube.
Die Flamme, sie war das Jetzt,
die bekennende Zeit.

5
Die Uhr schlägt drei Uhr in der Frühe.
Selbst der Hahn ist noch nicht eingeweiht
zu krähen. Da stand ich auf,
nahm die Feder und schrieb:
Ich glaube an die Wahrheit! Und schon war
das Licht vorbei. Der Schatten aber blieb:
… bis heut …!

6
Philosophie
ist und bleibt nur Schein
Keim des Wie
gibt man still anheim
dem Anrainerstaat das Wie
zu zelebrieren
mit Menschen zu sprechen
und nicht mit Tieren.

Dafür wurde die Sprache erdacht.
Philosophie, die Suche nach Wahrheit?
Nein, es werden stets nur die Spuren

des Vergessens sein.
Meine Worte sind keine Philosophie,
das steht außer Frage, sie
bleibt eine Spur des Vergessens,
auch das ist eine Ansicht: Alles zu vermessen!

Dann fällt der wilde Schrei – ein Wort –
Der Wille will zur Macht –
ist dann die Wahl vorbei,
wird aufs Neue wieder nur an Profit gedacht:
Partei an Partei …!

7
Hast du erst die Hand erhoben, wächst in dir
der Trugschluss zu wissen, das, was du glaubst.
Und dein ausgeprägtes Stadtgefühl beginnt zu fragen:
»Heil dem Führer?« und in mir ging die Kindheit
auf, der Schrei, die Bomben auf meine Jugend
zu zählen, die dem Führer Einerlei: Machtkomplott!

8
Heil dem – WAS –? So fragte ich heute.
Und ich stelle beschämend fest: Ein neues Heil
beschwört die Glaubenskriege – in die Welt – hinaus.

9
Sunniten und Schiiten – Katholiken und Evangelisten:
überall Glaube! … Und der Mensch alleine weiß,
10 Finger hat die Hand: zu zweit sie, wenn
sie sich erhebt. Und der kleine Mann, so wie ich, glaubt
nicht einmal Mensch zu sein.
Wohin mit meinen Händen?
Da fand ich mich und schloss sie ein.
Jetzt schlafen sie die Zeilen in den Tag hinaus
sich hinter dem Schatten
Glauben zu verstecken … Wissen transzendent!

10
Nicht einmal ich soll ich gewesen sein.
Da fand ich die Feder wieder, die einst ICH
schrieb, und ich war DAHEIM

11

So trinke ich das Blut der Sinne ein in mein Gemüt.
Vergebe mir den Drang zu fragen
wo ohne Wasser jenes Blümchen blüht
das ich als Kind an kühlen Tagen

in die Erde unterhob: zu keimen.
Dort angelangt, wo alle Wurzeln sich ergehen
den Wettlauf mit der Zeit zu timen
bleibt am Ende meine Frage ein Vergehen?

Was bleibt, wenn zubetoniert der Erde Raum.
Das Licht zum Grünen liegt bereit
in fernen Himmelszonen.

Die Erde nimmt im Frühling auf den Baum
der dort unter einer Felsendecke schreit:
»Auch ich möcht' dort im Lichten mit euch wohnen!«

12

Der Same keimt. Das erste Atmen: Keimgeburt
strebt aus dem Dunkel auf ins Licht.
Doch, wenn betoniert die himmlische Furt?
Ich fühle mich betrogen als ein armer Wicht.

Genesen brach ich auf die Räume: kess!
Meine Wörter bilden Wogen, Wellen.
Das ist das Öffnen jener Decke Stress:
herrenlose Hunde vor leeren Näpfen bellen.

Hoch hinauf, aus jener dunklen Hand zum Leben
hob ich die Erde aus, durch dieses Wort:
»Man möge doch dem Keim gewähren

mit UNS zu sein, Atem IHM zu geben
durch einen einzigen Spatenstich vor Ort!«
Er lebt im Worte frei, wie die Lemminge in den Schären.*

Schritt Nr. 7

Vom Gedanken: Aufgeweckt!

1
Mit einem Augenblick
deinem Lächeln folgend: Frühlingstag.
Da kam der Tritt aus dem Zurück
ein Voraus zu kreieren: sag

warum muss ich reden?
Damit das Wort nicht ganz entseelt
den Rundgesang der grausamen Fehden
als Lied der Sonne dich verfehlt?

Gruß vom Straßenlärm
dem Teergestank der Sonnenbläschen
von Autoreifen in das Tageslicht

gepresst. Schau das Gedärm
im Blattgerüst der Bäume Näschen
um zu erlösen das Vergissmeinnicht.

2
Vom Gedanken aufgeweckt
Leben zu leben.
Aufgeschreckt
den Blatträndern Lichter einzuweben.

Die Hände gefesselt.
Verschlossen der Mund.
Am Rande sitzt gekesselt
zur morgendlichen Stund'

halb wachend, halb schlafend
zerronnen, das Ich, der meine Sinn.
Die Sterne im Wolkenmeer verloren?

So schau ich auf die Erde: strafend.
Das Sternenmeer offen am Kinn.
Geburten aufzuwecken: Wörter, die mir erkoren.

Und in der Hand den Wind, den Atem: Erde!

3
Kleine Bank im Park,
du Anreiz, Stille zu genießen.
Unter einem Baume
liegt das Licht im freien Raum.

4
Laubgefärbter Sonnenstrahl
gebündelter Kelch,
der meine Wörter malt.

5
Ausgelaugt Mark und Bein,
so durchstreife ich den Horizont
im Ich und Du
auseinanderzugehen.

6
Blattgold, lichtdurchflutet
trunken, einem Regenbogen gleich:
Du und ich, auf einer Bank.
Steingeworden ist das Licht:
»Eine das All durchwaltete Seele
vollbringt alles!«*
Kleine Bank: Du und ich, eine Seele im Park.

---

*   Heraklit

7
Weiter schreite ich –
aufgegeben das Gelächter,
das mich tags zuvor
noch heimlich grüßte.
Ich grüßte zurück und bemerkte,
es war die linke Hand, die die rechte drückte,
um einfach einmal aufzusehn.

8
Der Tod
ist ganz allgemein als Diesseits
zu bezeichnen. Die Welt der Wörter
so eingeordnet, das Jenseits
als Diesseits in die Begriffe
heimzuholen … dir!

9
Die Größe eines Menschen ist eine Welt
voll Epigrammen. Die Maße in cm gegeben: Zahl.
Und die Gewichte in Kilogramm. Die wahre Größe
aber ist allein das Zusammentreffen von Gegensätzlichkeiten!
Das Hilfsmittel, groß zu sein, ist »Der Wille zur Macht«.
Und über Nacht wurde so mancher Große ziemlich klein!

Heraklit von Ephesus (ca. 600–540 v. Chr.)
Die Hierheit und Größe dieses Menschen, der den Streit zum
Vater der Dinge machte!

***

»Nicht würde eine Harmonie sein, wenn
es nicht gäbe helle und tiefe Töne.«
Dem Ansatz Licht, dem Worte – ein – ich – scann' –
gelingt mir so im Grunde als das Wunder – schöne

Wörtchen: Harmonie, mir vor die Füße zu werfen. So
Weib- und Männliches, der Gegensätze Schein
einzugeben als Element, das allwo
marterte – der Seele Mut – zu Stein.

Halbheit und Größe fließen ein in das Getriebe
Augen zum Sehen zu erheben.
Die ganze Größe dieses Philosophen zu erahnen

selbst seinen Einklang zu verstehen? Die Siebe
Wortschatz zart sind der Maschen Keim, wahres Leben
in Harmonie als Streitpunkt zu verzahnen.

I
Die Sprache selbst
ist Platons Grubengleichnis.
Gefangen im Loch
von Vielheit zu sprechen?
Dort begibt sich das Einzelne
in das Licht hinaus,
um Schatten zu werden:
Unverstanden!

II
Das Licht, das hereinfällt in dein Ohr,
ist stets ein Chor, der
entziffert werden muss.
Ansonsten bleibt's ein Hammerschlag:
ein blinder Impuls.

III
Wenn ich so die Höhlen sehe:
Wörter! Dann beginne ich
ungesehen – zu weinen!
Warum?
Kein Kommentar.

IV
Einer ging aus dem Schatten heraus,
sah das Licht: was dem anderen
nur eine kahle Wand, an die
das Licht die Wörter malte.
Sie merkten nicht. Selbst dieses Licht
am Gemäuer war vom Schatten umgeben:
dem toten Wort, das dort
hinter der Mauer stand …!

V
Ich stieg hinab.
Ich sprach. Ich schrieb. Was blieb?
Nicht einmal ein (1) Schatten!

VI
Da gab ich mir selbst die Hand,
ging wieder hinauf
und? Ich fand mich!

VII

Vom Gedanken: Aufgewacht!

»Wer zuletzt lacht, der lacht am besten!«

Dem halte ich entgegen: »Wer immer lacht
lacht auch zuletzt.«

Heute, im 80. Lebensjahre angekommen,
wird dieses »zuletzt« von mir
ausgesetzt: übers Lachen erhoben

in meiner Stille des Seins
die Zeit in die Arme zu nehmen
und lache dem Lachenden entgegen

Tag um Tag: zu leben –
mit dem Lachen, das, nach innen verlegt,
all meine Sinne transzendental

beflügelt: Lachen und Weinen
als Einheit zu verstehen:
das Leben zu leben.

So lache ich ein letztes Mal
das Wörtchen Lachen in den Raum
und gehe gelassen, wie im Traum

die Wege als leuchtende Stege,
ohne zu lachen, befreit vom Wahn:
Letzter oder Erster zu sein.

Schritt Nr. 8

Verzaubert fällt ein Blatt

1
Jedes Blatt ist
Fingerzeig:
ein Augenzwinkern
aus dem All
Erde zu begrünen.

2
Jedes Wort von dir
ist Fingerzeig:
den Zauber
in den Tag hineinzuleben
sich aufzumachen

in die Seligkeit
einander zu verstehn.

3
Verzaubert fällt ein Blatt
vor mir zu Boden.
Feingerippt, noch matt …
Lichter bilden Traum-Perioden.

Unbekannte Flugobjekte:
letzte Sonnenstrahlen
sie, als wohlige Kollekte
mir den Boden bunt bemalen.

Ein weißes Blatt
mit Zeichen vollgeträumt
bildet mir den Aderrausch.

Noch ist der Morgen müd' und matt.
Doch aller Horizont ist goldgesäumt
vom Kuss der Blätter – Lippentausch!

I
Das Licht und ich sind keine Differenzen
zwischen Tag und Nacht!
Alle Grenzen:
Aufgemacht!

II
Frieden suchen bedeutet Krieg, da
Kategorien im Selbstverständnis Federn lassen.

III
Was geschah?
Ich fiel aus dem Nest.

IV
Suchst du aber keinen Frieden,
bewaffne dich im Aderlass, das Rätsel:
Blut muss fließen, wortgebunden zu erkennen,
um nicht zu entgleisen.

V
Der Spiegel an sich ist nur ein Wort: Ich!
Etwas andres kann er nicht sehen.
Es geht rund – um, ums Verstehen! –
Der Rest wird Wort.
Spiegelbilder: Masse!

VI
Meine Welt als Zeichen am Horizont
ist das Almenglück der Morgensonne,
wenn sie wie ich
Tau von den Gräsern küsst: Wort an Wort.

VII
Gerade erst geboren,
80 Lenze an der Zahl.
Und schon wollte ich
erwachsen sein!
Ich begann zu atmen – tief –,
da trat ich in eine neue Sphäre
»Morgenröte« ein:
einfach zu leben.

VIII
Meine Wahrheit ist, das Licht vom Berge
mir ins Tal zu holen! Wort bei Wort
die Zeichen aufzulösen, geschlossenen
Auges Wörter neu zu bilden!

4
Verzaubert ist der ganze Wald.
Die Bäume, nickend grüßen.
Mein Ich beeindruckt von der Lichtgestalt
die meine Sinne zutiefst versüßen.

Geboren ich, ein Keim wie jener Baum
im Gestade Welt zu sein
Teil dieser Mutter Erde. Mein Traum
atmet das Grün des Waldes zu Stein.

Angekommen alle Deckel aus Beton zu lösen
empfange ich den zarten Hauch
der Lichtreklame: Blättersäuseln.

Und in dem Untertone, ein süßes Dösen
jener Traum, tief aus dem Bauch
heraus, wie er ein Ich im Weltenkräuseln.

5
Das Ende des Wortes ist ohne Sinn,
sprichst du es aus.
Mein Testament ist wortlos:
Zeichen an Zeichen!

6

Heute sah ich ein schwarzes Eichhörnchen.
Sie sind stärker als die Einheimischen,
sagte man mir.
Da dachte ich an meine Muttersprache:
Herbstlaub, gelb das Blatt ...welk ...

7

Wunderbar: schließe ich meine Augen,
dann kann ich sehen.
Öffne ich sie wieder, dann
versinkt jedes Wort in den Grund.

8

Das Tuskulum (lat.) für ruhiger Landsitz!
Überall, wo das Wort mir näher trat, begab ich mich
hinein in dieses innigste Gefühl,
in meinem Landsitz inne zu sein,
in meinem Wort: als Zeit im Sein ...!

9
Ich bin gegangen: jahraus, jahrein.
Jetzt sitze ich gefangen vor dem eigenen Schrein
das Gestern zu Grabe zu tragen? Nein!
Bei allen neuen Wörtern stellt sich stets
die Frage, was wäre die Zahl, ohne zu zählen.
Was wäre der Tod, ohne zu leben!
Da begann ich wieder zu gehen.
Ich war im Namen: Frei!

10
Das Tuskulum, ein ruhiger Landsitz, Ausgangspunkt
Heraklits, seine Epigramme zu schmieden.
Gefangen im Wort, ein Aktenordner tiefster Gedanken,
seine 130 in Zahlen versetzte Grundgedanken
als Orakel zu verstehen, sie als Denkansatz
von Einheit in der Vielheit der Masse W o r t
selbst Schlüssel zu sein, das Innerste nach außen zu kehren.

11
Mein Tuskulum ist die Vergangenheit, die aufgelöst
nicht nur Zeit ergibt, sondern jenen Grund, mir ein-
verleibt, mit der Synthese – nicht – These und Antithese
als null und nichtig zu verwerfen. Denn? Denn
die Erkenntnis sagte mir dann und wann, jeder Sinn
hatte somit seinen Unsinn voraus, sonst käme man
nicht auf den Sinn … bis er vielleicht eines Tages
wieder Unsinn wird: So ist das Leben!

12
Der Schauspieler ist das Gegenstück des Autors.
Aus dem Bodenlosen – dem Text – soll Leben entstehen.
Sein und Zeit stehen sich gegenüber.
Manches Lächeln ward zum Albtraum gar.
Am Ende lächeln beide für das Publikum!

13
Taube hören! Nur sie wissen damit nichts anzufangen.
Sie verstehen, ohne zu hören. Sie funktionieren
die Augen um, selbst den Geschmack.
Mancher Hörende vergisst in Anwesenheit
sich, und ist tauber als der Taube selbst.

14
Auf des Berges Höhen glaubt man mehr zu sehen
als im Tal. Manches Tal gebiert die Berge
höher als der Kuppen aller Höhen in der Welt.
Nimm deine Hand in die deinen Hände, und
dein Sehen lässt alle Berge schwinden.
Du musst nur den ersten Schritt überwinden
geschlossnen Auges im Dunkeln das Licht zu finden!

15

Wie aber vertiefe, erweitere ich die Sprache:
zum Beispiel das Wörtchen GLAUBE!
Löse alle Bilder auf und alle Wörter,
dann stehst du dort, wo alle Religionen
der Welt beginnen.
Und der, der beginnt, ist der Meinung,
er alleine spricht w a h r!
Feyerabend sagt: »Und der Dichter sagt
nur, was die Musen ihm kundtun!«
Sextus Empirius: »Auch wer am besten weiß,
weiß nicht, dass er es weiß!«

Und hier bin ich bei Sokrates gelandet:
»Ich weiß, dass ich nichts weiß!«
Und DEM schließe ich mich an, im
Zwischenwort daheim zu sein –
im Nichtwissen zu wissen! ...

Schritt Nr. 9

Ein Wortsymbol

1
Ein Wortsymbol
entlockte dem Tenor
Seele und Wohl.
Gigli löst das Licht hervor

Töne aus der Welt der Liebe
ungehört aufgenommen
im Almanach der Triebe
Eichenblätter zu besonnen

in den Herbst hineinzublinken.
Dem Wort des Lichtes zur Nacht
das Stückchen Einsamkeit

als Hoffnung ferner Inseln
der Selbstgefälligkeiten Pracht
zu enteilen Raum und Zeit.

II
In der Stille finden sich die Reime,
jene Melodie, die aufwärts schaute
sich zu finden:
Keime zu entwickeln – unbebaut!

III
Auf den Trümmern der Gefühle
tanzt der Kobold blitzend
jenen Traum: wegzuschau'n.

IV
Die Baumgrenze erreicht,
gibt die Stille den Laut
hinaufzuschauen ins Tal:
eigene Wege ins Tal zu gehen:
das große Hinauf.

V
Und ich gehe im Grün der Andacht
meine Worte auf und ab.
Das Licht am Grabe ist gemacht.
Ich verstehe und sehe meinen Horizont.

VI
In der Stille finden sich die Reime.

VII
Goldenes Blatt am Ast, beginne
zu erzählen, von dem Licht, das dich
durchfloss, als du noch Knospe warst
am Baum.

VIII
Bunter Regenbogen am Horizont,
beginne zu berichten vom Schatten,
der das Licht umschloss
der Farbe Saum.

IX
Wüstensand, du gelbes Fließen
hin in alle Winde, male mir den Ort
gelassen auf mein weißes Blatt:
Hab doch vertrau'n.

X
Leer ist meiner Feder Andacht.
Umwebt die Zeichen, sie, die mich
bewegten im All – dein Lächeln –
du goldenes Blatt am Baum.

XI
Alles Jenseits ist ein Diesseits.
Alles Diesseits ist ein Jenseits.
Alle Fragen gestellt sind
gegebene Antworten, um
zu verstehen, den einen bekannten
Punkt …!

XII
Jedes Zurück ist auch ein Voraus.
So will es die Zeit. So wird aus dem
Jenseits: Diesseits, Religionen zu verstehen.

I
Liebe,
ist das Eingeständnis,
noch ein Mensch zu sein. Gebären soll das
Licht den Schatten!
Was kam heraus? Selbstverstehen
war gespalten, sich im Gen zu erhalten.

II
Am Marterpfahl die eine Hand, im Glauben zu
lieben. Die andere Hand erfindet den Gedanken,
trotzdem ich zu sein!

III
Doch in der Diallele ringt der Kreis
mit dem Gefühl, den eigenen Gesichtskreis
auszublenden. Ich ging, stahl
dem Frühling seinen sonnigen Blick!

IV
Außerdem rinnt das Blut in das Gegebensein
hinaus, aus deiner Gen-Welt, wird Blatt
am Baum, um irgendwann einen neuen Baum zu weben.

V
Ich ging die steilen Stufen hinan.
Was war geschehen? Die Blüte gebar
eine Frucht. Das, was meine Blüte war, fiel hinaus
ins Leben. Dilthey sagte: »Die Blüte ist stetig Dein,
die Frucht ist dir niemals zugehörig!«

VI
Heute weiß ich – damals glaubte ich!
Und doch? Wo blieb mein Wort?

VII

Auf den Anhöhen, wo das Licht das Kind
hinausspeit in die Männlichkeit, dort
beginnt ein seltsames Spiegelbild die Vergangenheiten
einzukreisen!

VIII

Loslassen! Was soll ich loslassen?
Das Gejammer – ungeliebt des Tages –
soll sich mit Leben befrei'n! Diese Geburt
unterliegt dem Sieg der Verschwiegenheit.

IX

Wieder öffnen sich meine Hände, ein Wort
gebiert sich auf das jungfernweiße Blatt Papier.
Aus dem Augenwinkel eröffnet sich dem Leben
dieses Blinzeln – zutiefst verliebt – zu sein!
Die Blüte schweigt. Die Vergangenheit
wird zeitumkost zur alleinigen Frucht:
Göttlich bleibt der Keim, auch
wenn die Bibel widerspricht!

Das Blinzeln im Morgenrot

Dunkel bebt der Morgen mir entgegen.
Der Maskenhorizont
spielt Regen –
trotzdem ist mein Ich besonnt.

Der sanfte Blick – die weite Ferne.
Ein feurig Blinzeln
jenseits aller Sterne
gleicht dem Winseln

eines Wortes aus der Dunkelheit.
So entzückt der frühe Morgen mich!
Erstes Leuchten treibt die Hoffnung an

zu tagen. Wogen trinken Raum und Zeit
am Wolkenrand; dort wich
das Sein – zu tagen: es begann …

Das Blinzeln im Morgenrot: mein Wort!

»Der Linkshänder wurde umfunktioniert. Jetzt schreibt
er mit rechts trotzdem: Ich!«
Das war ein Leitsatz meiner Fibel von mir
in Aphorismen aufgeteilt.
Und wie zum Trotz traf ich ihn wieder
diesen Schreiberling: Ich!
Siehe da, sein Ich ist ein Du geworden, dort
wo sich die linke und die rechte Hand am Ufersaume
der Wortedikte in Horden verbinden, um zu sichten
das neue Land. Zwei Hände im Streitgespräch in den
Passagen, dort, wo sich die Hände treffen.
Jetzt streiten sich Ich und Du, wer links ist
und wer rechts, und verfielen in einen tiefen Glauben.
Ich ward Du, und Du ward Ich. So lief das
Streitgespräch in meiner Urlandschaft – Wort – als Symbol
die Wege auf und ab. Da bemerkte ich das Du in mir, denn
sonst hätte
ich nicht anfangs so diese Phase titulieren können. Heute spre-
che ich mit mir, was Diesseits und was Jenseits ist, in mir.
Wer funktionierte mich um? Heute weiß ich es: aber darüber
kein Wort!

X
Die Regel besagt: Ich lebe geboren, außerhalb des Sündenfalles:
Same an Same gezeugt: Mensch!
Ein Wesen aller Natur zu sein .Meine Frage bleibt geheim:
Liebe und Stein! Auf den Anhöhen lösen sich die Wörter auf
die Geburt in das Sein als Teil der Ewigkeit: so der Denk-
Ansatz, der dieses Denken beschenkt! Wahr ist: Mensch zu
sein …!

Schritt Nr. 10

Jetzt kommt die Zukunft ins HAUS

A
Es windet sich das Licht um alle Säulen.
Farben sind die Schatten, Fingerzeige zu verstehn.

B
Aufgelöst im Baum des Wortgeschehens
liegt ein Reif gebündelt vor der Säule: Leben. Und
der Mensch läuft wie das Echo durch der Täler Lauf!

C
An den Hängen stürmt der Ruf hinauf,
hinab, bis das Licht dein Auge sanft
entschlummern lässt.

D
Du bist im Schatten aufgewacht, um im Selbst
daheim zu sein ...!

Das Alter I,
ist ein Kind, das sich neu gebärt.
Auf den Handflächen blüht der Atem fort, den du
dir selbst gegeben.

II
Manches Kind ist schon im 4. Lebensjahr alt,
wenn die Granaten, Bomben über den Köpfen der Stadt
die Nächte in Tage erhellen.

III
Gebrechlich. Steif vom kalten, nassen Kellersims
und durch den Scheibenbruch im Keller, der
Leichenatem verbrannter Antlitze, dir die Namen
riefen auf die Stirn: Freund wie Feind!

IV
Auch du, mein Freund, warst schon im 5. Lebens-
jahre alt, dich traf der Blitz der Bombe Donnerhall.
Du warst im Grunde schon als alt geboren!

V
Und die, die den Bomben entronnen, sie wurden
irgendwann im Alter jung, alleine durch den
Gedanken, dieses Alter, DAMALS, durchlebt
zu haben.

VI
So blinzeln dich die Augenblicke an, gelebt
zu haben. Und heute bellen blinde Hunde im
Atomgebrüll sich an, selbst Geschichte zu werden im Atem-
Stau je Kind gewesen zu sein … dem Blitzen der Bomben
so zu entrinnen?

VII
Bin ich im 80. Lebensjahr alt? Nein!
Ich werde jünger: Tag um Tag

VII
Beim Atombombenknall spielt die Hautfarbe
sicherlich keine Rolle mehr, auf der ganzen Welt. Die
Toten dann sind einfach keine Schwarzen, Weißen,
Gelben oder die Roten Indianer,
es sind in dem Moment einfach alles n u r
MENSCHEN !

VIII
Und im Hinterstübchen, ich, ganz still – endlich frei von
Ergon und Energeia, von rotbraunen weiß bekittelten Eichkätz-
chen und den schwarzen. Und ich begann die Stunden, lieb ge-
worden, zu zählen; wo das Blitzen der Bombennächte – wach-
gerüttelt – ein paar Tränen in die Worte fallen lässt, die ich,
jung geworden – mit 80 Lenzen, mir in die Seele schrieb.

A

Angekommen, dort, wo Menschen glauben zu wissen

1

Der Glaube selbst ist ein Nichtwissen, das in Zeichen,
sprich Wörtern, von Menschen aufgezeichnet
Wissen bedeuten soll.
Und schon bin ich, trotz Atombombe,
wieder bei den Hautfarben gelandet.
Rote Haut: Manitu. Gelbe Haut z. B. Moslem: Allah.
Schwarze Haut: Naturglaube, oder eingebläuter
Wahrheitsglaube der Kolonialisten.

2

Das Wort ist lediglich eine Form der Annäherung.
Das Selbst, der »reine Glaube« wird dort zum Wissen.
Wo Sokrates sagt: »Ich weiß, dass ich nichts weiß.«
Und er sagt damit in einem Satz, was ich in meinen
Gedichten, philosophischen Betrachtungen usw. mensch-
geboren, in Tausenden Zeichen versuche klarzumachen.

3

Wohin führt uns das Wort – Glaube?
In der Erkenntnis in der »Umwertung aller Werte«
nur ein neues Zeichen zu erfinden, gelangen wir nicht
in den NAH-Bereich, alle Zahlen zu überwinden.

4

Das Wort Gott ist das, was in uns blüht: wortlos.
Und alle Religionen lösen dieses Wort in ihre Bedürfnisse
auf. »Gott ist tot!«, schrieb einst Nietzsche.
Also hat er gelebt. So antworte ich.
Doch diese Antwort blieb er uns schuldig!
Er fand den neuen Gott: Nihilismus!
Alles Gewesene ist damit null und nichtig. Das
ist die Konsequenz daraus! Aber? Ohne das
Gewesensein kann man, will man töten, nur Zeichen
auslöschen: um neue Zeichen zu setzen.
Was ist dort Fortschritt, nur Fortschreiten?

5

Das ist Rückschritt. Aber? Auch wenn ich zurückschreite,
ist DAS ein Fortschreiten! Eine Energeia. Aber dieser Fort-
schritt
ist ein Ergon, ein Stillstand, der nur dadurch, dass er unbe-
greiflich
für uns Menschen ist, in das Wort Fortschritt umgewandelt
wird!
Ein neuer Zar? Lenin der neue Gott?

6

Selbst dieser Satz ist mit Zeichen ausstaffiert
wie der Satz von Mohammed: »Alle Bilder in Moscheen
zu verbieten!« Was machten die Nachfolger?
Sie machten jedes Wort zu Bildern!

7
Aber wie, wenn nicht mit Wörtern, sollte Mohammed
seinen Gläubigen mitgeben, wie gefährlich
Wort und Bild dem Menschen sind: werden kann!

8
72 Sekten soll es zu Mohammeds Zeit gegeben haben,
so Hafis, ein Poet im alten Persien. Sie alle pflegten ihre
erkannte (nichterkannte Gottheit) und doch fand jeder
Einzelne seinen Fremdkörper, sonst gäbe es nicht so viele Sek-
ten!

9
Ein Gott – zum Beispiel: der eine Fluss, Strom, Bach usw. –
bringt uns sekundlich Tausende Tropfen an unseren äußeren
Tropfen
wie auch inneren Sinnen vorbei. Und jeder Tropfen ein (1)
Wort.
Und jedes Wort, geboren, die Unendlichkeit in sich!
Jeder formt sich sein eigenes Bild, als Einheit, und
schleudert es dann als irgendein Masse-Wort in den Raum.

10
In dem Moment wird jeder Tropfen und Fluss eine Einheit,
ein Bild und verstummt im Geschrei der Rechthaberei
jede Religion als urkomische alleinige Wahrheit, mit Mord
und Tod vor diesem (Wort-)Tropfen zu rechtfertigen!

11
Welch eine Farce – ein Bild, das innerst' eingegeben,
mit diesem blinden Bildwort, gleich welcher Religion, zur
Wahrheit
zu formen!

12
Pauperismus, Massenarmut dem Gefühl gegenüber –
jene Reinheit abzusprechen zwischen: schwarz, weiß, gelb, rot
und allen Zwischennuancen außerhalb der Innerlichkeit mit
Masse
(Wort, Bild) als Alleinwort-Bild, Wahrheit zu offerieren.

13
Königlich, dein Lächeln. Behalte diese Innerlichkeit
aufrecht, solange dir diese Unendlichkeit Frieden
und Leben schenkt!

14
Auf dem Wege ins Tal sah ich dasselbe Licht,
als stiege ich dem Wipfel entgegen.

15
Mancher Stau ist ein Luftholen.
Verwegen beginne ich das Ausatmen zu beschleunigen,
damit mein Lächeln nicht im Sande verläuft.

16
Auf, auf, sprach der General.
Auf, auf, sprach ich. Und ich denke über Wort
und Sätze, die ich gegeben, ständig wortlos nach.
Auch wenn mir oft dabei das Lächeln schwindet.

B
Jetzt kommt die Zukunft ins Haus
unprogrammiert in mein Zimmer geflogen.
Meine Ahnung: Geburt und der Erde Stein!

1
Von der Klippe springen – geordnet –
die Lemminge in Reih und Glied in den Tod.

2
Wann beginnt dieser Wahn bei uns Menschen?
Wenn die Überbevölkerung uns frisst? Und das
Gläschen Wasser aus dem Haushaltshahn versiegt?

3
Das »Jetzt« der Lemminge in den skandinavischen Ländern
erinnert mich an Indien, wo im Ganges man das Wasser
heiligspricht und es Tag um Tag, Stund' um Stunde
verdreckt, Krankheiten erzeugt.
Stehen die Lemminge am Ufer?
Nein! Es sind Menschen!

4
Die Medizin ist schon lange so weit, dieses –
aus der Zukunft zurück – auf heute projiziert,
zu stoppen! Aber? Religionen aus dem Jenseits
des Vergessens türmen Leib auf Leib zur Massen-
Flucht in den heiligen Raum!

5
Wann endlich legen wir den Affen ab und werden Mensch?

6
Mit den Religionen – mit der Masse – an die Macht.
Und nach mir die Sintflut. So spricht der,
der nie als Mensch geboren!

7
In Indien sind die Kühe heilig. Warum? Es gab eine Zeit,
da gab es noch keine Kühlschränke, um
Fleisch vor dem Verfaulen zu schützen.
Keimfrei war das Embryo im Mutterleib der Kuh!
Also schlachtete man die Mutter, um an das keimfreie
Ungeborene heranzukommen. Bis wann?
Bis man merkte, uns geht die Milch aus. Da
sprach man die Kühe einfach heilig, da Milch
zum Hauptnahrungsmittel gehörte. So und ähnlich
klingen mir die Ohren, höre ich die Rufe der Lemminge,
die am Klippenrand stehen und kopfschüttelnd sich
an die Hände nehmen: »Springe ich? Springe ich nicht?«

8
Sie sprangen nicht!
Sie gingen in den verseuchten, heiligen Fluss,
um sich zu reinigen …!

9
Glaube ist das wortloseste Eigentum der Menschwerdung.
Was machen wir daraus? Religionen. Machtapparate!

Sie alle bleiben der Grundform des 11. Jahrhunderts treu, als
man noch in die Kirche ging
und das lateinische Wort – unverstanden – als
Heilung des Selbst sich einverleibte …!

10
In Rumänien genoss ich die Milde des Klimas
am Schwarzen Meer. Bei einem Rundgang, abseits
der Urlaubsorte – See – Kur – und Glanz, sah ich
auf einer Müllkippe Kinder im Dreck des Abfalls,
vielleicht war auch mein Mittagsmahl dabei, das, was
mir nicht mundete. Sie gruben es aus! Und
in der erbärmlichen Hütte – ich schaute hinein –
5 Kinder – müllbetucht –
Ich legte meinen Münzbetrag, den ich mir
für den Bus etc. mitnahm, auf den Tisch und ging
zu Fuß in meine geputzte Bleibe – in mein Hotel!

11
In Ägypten (Kairo). Am Hauptfriedhof vorbei. Im Bus.
Ich sprach den heimischen Reiseführer offen an.
Meine Frage? Was machen die spielenden Kinder
dort an den Gräbern?
Er räusperte sich. Blickte sich um. Dann
kam etwas so Unheimliches aus seinem Mund, dass es
mir den ganzen Tag die Sprache verschlug. Und drüber hi-
naus …!

12
»Dort leben die Menschen in ihren Gräbern!
Geduldet!«
Und der Pascha lebte 1 km weiter im Palast.
Auch das war mir – in dem Moment – ein Grab!

13
Aber wo sind die Menschen?

14
Atommächte begaukeln sich im Wettstreit, »Mächtigster«
zu sein. Sie palavern wie die Paviane in des Baumes Wipfeln.
Als ob Hiroschima und Nagasaki nicht genügend ... Größen
hervorgebracht, sich die Augen reiben sollten, um über das,
was wortlos – heilig – Mensch ist und bleibt,
nicht Überbevölkerung durch Kriege zu dezimieren!

15
So gaukle ich durch den nahen Park. Grüße nach
links, nach rechts und fühle in mir eine mächtige Wut:
Mensch zu sein!

16
Ausgetrunken das Gläschen Mineralwasser, halte ich
das leere Glas in die Sonne und schreibe mit Mühe
die letzten Tropfen in das Sonnenlicht hinein.
Wann, vorausgedacht, bringt man für ein Glas Wasser
seinen Nächsten um? Wir sind auf dem Wege: …!

17
»Zeugt, zeugt. Macht euch die Erde untertan!«
Wenn nicht im Wort, dann brauchen sie die Gewalt.
Und wenn das nicht hilft, dann fassen sie sich an die Hände,
bilden geordnet eine Kette und sie springen:
Menschen? Nein!

18
»Was kann man da machen?«, fragst du?
Die Diallele, den Kreis sprengen, um gemeinsam
aus dem Einzelnen heraus das Licht: Menschheit
neu beginnen. Oder waren wir,
schaue ich aus der Zukunft zurück: nie dort?

19
Beginnen wir mit dem Wunder: Sprache!
Fragen wir nach, das ist der erste Schritt, den
Kreisverkehr des Affendaseins herauszunehmen.

20
Was bin ich? Nichts!

21
»Was ist das: nichts«, fragst du? Und aus der Einheit
heraus beginnt der Funke zu glimmen! Vorsicht
mit der Flamme. Jeder Funke kann ein Feuer werden!
Das Feuer: MENSCH, dafür gebe ich gern den Funken auf!

22
In den Kühlzonen
der »Moderne«
leuchten die falschen Ikonen
dieses »Möchte-Gerne-

Auffließen« eines Trankes
gehorsam dem NIHIL.
Aus der untersten Stufe des Schrankes
klang ein »Ja, ich will!«.

Nur wer brachte das Nichts ins Gemäuer
träumender Augen, die Lichter zu löschen?
»Moderne«? Gewesen

als JETZT auszulegen, um teuer
zu verkaufen den lungernden Fröschen: …
Die Moderne gehört nicht an den Tresen.

A
… Weiter geht der Schritt ins Ungewisse.
Nur das Gestern ist uns WAHR geworden
allein durch die Zeit, sie, die vergangen war …!
»Religion ist Opium fürs Volk.« Das waren die sensiblen Worte
eines MARX, Visionär, er, der selbst das neue Opium in seinen
Händen hielt: Kommunismus!
Der Zar musste getötet werden: die ganz Familie,
damit vom alten Opium NICHTS übrig bleibt!
Und welch ein Wunder, aus dem Nichts, dem
heutigen Nihilismus, gebar sich umweltschonend diese
neue Religion – Kommunismus!

B
Sie verjagten die Kapitalisten, die Gegenrevolution –
die Alte – und sie wurden als Funktionäre
außerhalb der Altäre reich, wohlhabend …
anbetungswürdig … so wie der Geldadel,
den man mit Macht verwarf.

C
Und siehe da, das Volk selbst wurde zum Opium.
Der Grenzwall zum Rauschmittel wurde
umdiktiert zum kleinsten »Einer für alle«:
Sie blieben die einen und
alle anderen waren die Kommunisten.

D
Einfache Menschen studierten, betraten »fast«
alle den alten verhassten Raum – Religion durch
das Kommune Kapital.

E
Und jetzt öffnete sich die Formel. Die
neue Religion, ward Opium, eine neue Form ward Norm.
Endlich hatten sie den Kapitalismus abgeschafft und
und sie durften durch das All
wie die Atombomben Drohung … siehe Korea-
Knall auf Fall sich neu benennen.

F
»Opium«, ein Kosewort ist's geblieben!
Die Seiten blieben dieselben, man gebar nur andere
Namen! Beginne ich beim ZAR? Nein …!

G
»Wer anderen eine Grube gräbt, der fällt
selbst hinein.«
Das merkte ich mir gut, ich wollte weise sein!
… und fiel in andere rein.
Seitdem heb' ich selbst wieder Gruben aus
und fühle mich langsam dort ZUHAUS!

Schritt Nr. 11

Philosophie, die Spur des Vergessens
Ein Ich und ein Du im Streitgespräch

Inhaltsübersicht

Glaube (Religionen weltweit)
Wissen (kategorienlos)
Vernunft (Merkmal der Übersicht)
Politik (Macht für WEN?)
Mensch/Affe (Übermensch, Wesen? ...)
Ich, Du als Gemeinsamkeit (Fragender und Befragter zugleich
      in einer Person zu sein)

Die Introspektion und die Empathie (die Selbst-
Beobachtung und die Fähigkeit sich in andere hineinzuver-
setzen.)

Sie belauern sich Tag und Nacht – Ich = Ich,
um ihr »ist wahr« in ihrem Reim zu deuten.
Wenn nicht? Dann wirst du als Ungläubiger distanziert: ver-
urteilt ...
Also bleib ich nach außen nur ich? ... und innen? (1) Mensch!

I

Philosophie, die Suche nach Wahrheit.
Im Duden: Streben nach Erkenntnis.
Im phil. Lexikon: Weisheitssuche.
F. Nietzsche: »Alles Geschehen, alle Bewegung, alles
Werden von Grad- und Kraftverhältnissen als ein Kampf …
was in diesem Kampf bleibt, ist,
weil es siegt, im Recht und ist wahr!« (1867)
Wahrheit, Weisheit, Recht und »ist wahr«
sind Spuren, die als Bilder durch die Geschichte
der Menschheit getragen werden.
Das ist kategorisch gesehen wortlos,
bildlos, wahr und falsch.
Es bleibt eine Spur des Vergessens, denk ich
an Kriege, die ich per Bild, per Wort und am
eigenen Leib als Kind erlebte.

II
Mohammed verwarf die Bilder in Moscheen.
Er wusste warum!
Wissen sie, die Menschen, was er damit meinte? Ja!
Sie druckten Fahnen mit riesigen Bild-
Buchstaben, um die Bilder, die Mohammed verbot,
zu umgehen. Damit ersetzten Buchstaben
die Spuren der damit verbundenen Bilder.

III
Kann ich im Wort die verschiedenen Religionen
auseinanderhalten, damit sie jedem Außenstehenden
zu erklären sind? Wo sie gemeinsam auf
Spurensuche gehen sollten? Ja! Die Sprache
hat die Möglichkeit. Nur?
Das Problem ist die Diallele –
der Zirkelschluss!

IV
»Ich = Ich«, sprach einst Fichte!
Dieses Ich = Ich wird ausgelotet mein
Ansprechpartner, sein Du, Er, Ich, der
dahinter stand: dieses alleinige Ich,
in der Vielheit Plagiat, wie es Menschen
an der Zahl auf dieser Welt.

V
Wenn dieses Ich = Ich mit jener Einheit auf Spuren-
Suche ginge, dann käme man an Wahrheit,
Weisheit, Recht und »ist wahr« nicht vorbei:
Doch setze ich 1 + 1 = 2 als Diktat fest,
dann nützt die Einsicht nichts
die Wahrheit anzuzweifeln,
denn teile ich 10 : 2, dann bekomme ich = 5
1 + 1 + 1 + 1 + 1 = Ich = Ich eine Spur
des Erkennens, dass die Zahl diese Diallele
einschließt, durch die vom Menschen
gegebene Einheit (1) nicht Zahl und
Begriff in einen Topf zu werfen, denn dann
ist man im Kreisverkehr umschlossen
von Wahrheit, Recht, Weisheit und »ist wahr«.

VI

Gehe ich vom religiösen Glaubens-
Bekenntnis aus: dann ergeben alle Religionen bei
Jesus, Mohammed, Manitu, Zoroaster usw.
immer 1 + 1 = 2, und keiner bemerkt,
in jeder (1) aller Denkrichtungen der
religiösen Menschen ist dieses (1) WAHR als Diktat
zu 100 % enthalten und bestimmt.

VII

EINS (1) muss in die Wunderwelt des Fließens
eingereiht werden. Denn jeder Fluss, egal
welches Land hat Tropfen, die zu Wasser werdend
den Fluss ergeben.

VIII

Wasser plus Wasser ergibt jenen
Bach, Fluss, Strom, egal wo auf der Welt er fließt,
er, so seine eigene Einheit, ergibt.
Jeder bekommt einen Namen.
Und nehme ich 5 Eimer Wasser
für jeden Fluss auf der Welt, habe ich
aus verschiedenen Ländern den Grund-
Begriff Wasser in jedem Eimer! ...
So viel wie religiöse Beispiele als Beispiele
gegeben.

IX
Jetzt verliert die Weisheit der
Religionsstifter selbst den Sinn, aus
der Diallele herauszutreten,
um zu sagen: Alle Flüsse, Bäche, Ströme usw.
führen gleich den Tropfen (ihrer Wörter) Wasser!
Und zu Grunde legt jeder Religionsstifter
für sein Wort »Wasser« seine eigene
von seinem Gott (Menschen?) gegebene
allgemeine Weisheit (sein »ist wahr«)
zu erheben.
Doch Wasser bleibt Wasser,
auch wenn die Eimer (vielleicht) nicht an der
Masse gleich gefüllt!

X
Jetzt werden die verbotenen Bilder
zu eigenen Wörtern,
zu eigenen Wahrheiten – weltweit –
und man spricht Tötungsvokabeln aus,
die aus irgendeinem Eimer geschöpft
ihr »ist wahr« erheben …
Es könnten hier, vertauschte ich die Eimer,
aus jedem Mohammed, Jesu, Manitu, Zoroaster
usf. sprechen.
Jetzt sind sie alle wieder in den
Ringverkehr eingetreten.

XI
… Und HIER beginnt sie, die PHILOSOPHIE,
die Spur des Vergessens. Auch das ist
zum Beispiel ein (1) »Wille zur Macht!«

XII
» … was in diesem Kampf oben bleibt, weil es siegt,
ist im Recht und ‚ist wahr‘!« (1867) F. N.
Hier endet das Wunder Sprache.
Nachfragen wird bedeutungslos: Muss
die Bevölkerung allein durch Kriege dezimiert werden?
Oder spricht man in den Religionen einmal darüber:
die Geburtenregelung vor dem Machthunger
Vernunft und Verstand walten zu lassen?
… um Hunger, Armut auch christlich durch diese Art
Regelung zu regeln?

XIII
Feyerabend schreibt: »Wenn das Helle gegenwärtig ist,
dann ist auch Dunkelheit potentiell gegenwärtig.«
Ist die Atombombe jetzt hell oder dunkel?
Ist die Überbevölkerung, das Verrecken in Armenvierteln
christlich? Ist die Vernunft
vom Menschen immer noch der Stillstand:
Affenmoral? »Jenseits von Gut und Böse«,
schrieb Nietzsche, und alle schreiben mit
ihrem Gut und ihrem Böse weiter.
Der Gott wurde Nihilismus, aus
dem Kategorien-Ausstoß gebar sich eine
neue Kategorie:
Sie ist gut, sagt das unbekannte Wesen …
Gott oder doch der Mensch?

Zeit

1

Welch eine Zeit liegt hinter mir –
begraben:
und doch gelebt!

2

Wie viele Tage – geblümtes Leben –
liegt in meinen Armen: lusterfüllt
und doch: Vergangenheit!

3

Wie viel Sein ist noch in meinen Sinnen.
Lichtgeboren schaue ich hinaus aufs Feld
und hör die Amseln schlagen
und der Spechte Klopfen draußen dort im Ried.

4

Geboren ich, im neuen Raum,
mir neue Worte einzugeben.
Es sind dieselben wie vorher,
um 80 Jahre – Treppenstufen – höher
lichtumflutet. So dunstumhüllt liegt
dieses Tröpfchen Leben – in der Hand die Feder –
wie das Alte, in dieselben Wörter
zu hüllen, als gäbe es nur ein einzig Wort dafür.

5
Welch eine Zeit liegt vor mir:
neu geboren. Auch wenn die Lenze,
ichbeseelt tausendfach und mehr –
die Neuronen und Synapsen –, die alten
Wörter durch die Sinne schleusen!
Ungesehen: um im Lichterglanz
der Allheit ein Gesicht zu verleihen.
So, mein Ich, es neu zu sehn.
Dieses Ich, als Z e i t ,
das Du, als S e i n , nur um mich selbst
zu verstehen, was ich, auch in diesem Sinne,
für unmöglich halte.

6
Meister A. W.: Liebe ist ein Zeichen
im Kreisverkehr, der Diallele eingereiht,
wie 1 + 1 = 2, unwiderlegbar.

7
Dann löst die eine (1) sich auf, wird
täglicher Begriff, und dann ist automatisch
diese 2 = 1 mit einem Minus-Zeichen zu versehen:
obwohl sie vordem felsenfest Einheit
im Schlüsseldialog der Selbstverführung war!

8
Liebe wird wahr, wenn sie war.
Und dann unwiederbringlich ein
Selbstläufer, wie die vielen Tropfen, die
den Bach zum Flüsschen machen.

9
Lichtmessen
verunsichern meinen Blick:
zu schauen. Vergessen
ist das leidige Zurück.

In dunklen Stuben
ringen hungernde Kinder
nach einem Stückchen Brot: gruben
im Müll nur minder-

bemittelte Abfallprodukte
der vergessenen Welt: auszugraben.
Im Tale, ich, zerfurcht das Gesicht

die Tränen unterdrückt, sie spülten
aus, das was ich dachte: Raben
im Müll: die Vernunft vor Gericht!

I
Philosophie
ist bei der Wortgebung
schon zerteilt, Masse geworden. Jeder
schleust sein »Weder-noch« als Gruben-
gleichnis mit in diese Spur!
An der nackten Wand in jener Grube,
die den Schatten, jene Schnur,
mit einem Lichtstrahl an die kalte Höhlen-
wand katapultierte: dort
wurd' jedes Wort zu jener Maske, die
dem Außenwesen fremd und nur
vom Worte her bekannt.

II
In der Selbstbetrachtung (Introspektion)
ist diese Spur, jeder Philosophie, eine Vorweg-
nahme von Anmaßung (auch diese, meine Aussage),
aber ich gebe sie als Spur im Gegenlauf
mit ein, um dem Selbst hinter
dem Selbst einen Ansprechpartner vorzugaukeln.

III
Die Fähigkeit (Empathie), sich in andere
hineinversetzen zu können, ist ein Trug-
schluss, so wie es ein Trugschluss ist,
diese Behauptung abzugeben. Aber?
Der Gewinner dieser Auseinandersetzung hat Recht.
Er will gewinnen: Das ist sein »Wille zur Macht«!

IV

Das ist der Aufbau der Gesetzestexte
insgesamt: »der ständige Wille zur Macht«,
der alle Thesen ins Nihil verlegt, um
sie dort – nach seinem Ebenbilde –
zu normen …!

V

So soll ja auch der Mensch entstanden sein!
Und jede Religion hat Recht! Mordet weiter!
Man formte Gott nach seinem Ebenbilde. Und
man merkte nicht einmal diesen Trugschluss?

VI

Das Gesetz der Sprache, jeder, ist ein
billiges Plagiat, wenn es nicht die Vernunft
anregt aus der Wechselwirkung Ich und Du!
Introspektion und dem Du, die Spur,
die aus dem Gesetzestext, aller Gesetze,
weltweit heraus sich windet, irgendwann
unerkannt Einheit zu sein!

VII

Die grüne Wiese: jeder Halm ein Selbst.
Jeder Tropfen Regen, neue Hinweise,
dem Grün in jedem Halm einen neuen Segen
zu verleihen. Die Plagiate »Grashalm«
bleiben bestehen, Wort an Wort,
Halm an Halm.

VIII
Ich glaube den Glauben zum Teil erkannt zu haben,
wo in der Tiefe des Wortbeginns ein winzig
Wissen keimt, das wortlos die Parole ausgibt,
sich selbst ein Eigengesicht zu verleihen.

IX
Verlorene Zeit? Nein, diese Zeit ist
Bestandteil meines Bildes (Wort) und
bleibt Verstehen. Bild und Wort können
nicht getrennt werden ... plagiatgeschützt
ist der Tropfen im Bild des Lebens
vorprogrammiert.

X
Jeder Bach ein Wort. Jeder Tropfen
ein Beginn! Das ist der Sinn, die Neu-
auflage des Wörtchens – Gott – zu befreien,
mit einer Neuauflage nach Zeus, Zoroaster usw.
kommt der Nihilismus ins Spiel, nur
um sich von alten Bildern zu befreien: Und
sie schreiben mit ihrem Gut und Böse,
jenseits von Gut und Böse, mit den(selben)
Wörtern, Bildern weiter.

XI
Möge jeder Tropfen im Bach ein Licht-
signal sein, in der Zerstörung der Sprache
stets eine neue Sprache zu erkennen.
Ein ständiges Fließen
betört meinen Sinn, erlebe ich im Frühjahr,
nach Frost, Schnee und Eis, die ersten
Knospen am Baum aufbrechen. Die ersten
Schneeglöckchen …! Es sind dieselben
(die gleichen) Bilder!

XII
Philosophie, die Spur des Vergessens.
»Des Rechtes Namen kennten sie nicht, wenn
dies nicht wäre (das Ungerechte)«, so Heraklit!

XIII
Also malen sie weiter, in großen Lettern,
Buchstaben in den Himmel.
»Die Zeit ein Kind – ein Kind beim Brettspiel:
Ein Kind sitzt auf dem Throne.«
»Der Weg hin und her ist ein und derselbe.«

XIV
Mit Heraklit finde ich hier meinen Übergang,

Sein und Zeit als mein Ich-Bestandteil von Sprache
mir einzuverleiben: ständig auf dem Wege zu sein!
Nicht Bild, nicht Wort … und doch liebe ich das Gefühl,
den Nihilismus zu deuten: wortlos, bildlos und doch
mit allem Innenleben des eigenen Bildes und Wortes
auf Iggdrasil rückschauend, nicht das letzte Grün
mit Gülle und Pestiziden auszuräuchern. Und!
Nicht nur Kriege zu eröffnen, um die Masse Mensch zu
dezimieren, damit in der Überbevölkerung
WIR uns nicht gegenseitig auffressen!
Kannibalismus gab es auch schon: … einstmals …!

A

Hochgeboren. Der Baum brachte Äste, Zweige
Blätter; außerdem dann Blühen: zauberhaft.
Jetzt gehen diese Worte schrill zur Neige.
Die Früchte nahmen SIE, die wortlos einst gerafft

zubereitet und tot gegüllt den Acker
der blutend mir das Auge zugetränt.
Doch außerhalb schlug sich das Wörtchen wacker
als Hilfeschrei; am Rande sei's erwähnt.

So gehe ich lächelnd hinein in die Au
Tag um Tag, und schau nach dem Baume
der in den Ästen rekelnd seine Blüten

in den Tag hineingebärt. Und in dem ersten Tau
der seinen Leib – mein Wort – im Traume
kürte, möge man die Früchte streng behüten.

B

Tränen fallen auf das Fließ
der tränennassen Gasse.
Das Jahr ist um. »Das und dies«
gebar sich in die runde Kalebasse

die das Fruchtgetränk vom Birnenbaume
aufnahm, um die Zeit mir zu versüßen
das ich dem Hoffnungsschimmer – wie im Traume
bat, meine Reime neu sollten erprießen

mit dem Spaten – meiner Feder –
aufzugreifen, in ein weißes Blatt gehüllt.
Zu erinnern der erwachten Hilfen im Land

das Grün, in Farbe der Blätter – Leder –
zu putzen. Mäßig gedüngt, nicht ergüllt
erhalten wir so das Grün am Wegesrand.

C

Philosophie, die Spur des Vergessens
ist am Rande wie der Keim, eingepfercht
in das Gemäuer außerhalb menschlichen Ermessens
wie das angegraute Taufwort auf der Werft

das Schiff am Rande des Wortes zu loben.
So der Grashalm am Rinnstein des Weges.
Jeder erfreute sich, zu atmen. Erhoben
das Haupt, die Hände zu öffnen: reges

Begüllen einzustellen. Die Nacht gehört zum Tage!
Das zu begreifen ist die Spur des Vergessens.
In der Hand die Frucht.

Dann steht außer Frage
der blinde Taufspruch des Ermessens:
Profit alleine war seine Flucht …!

D

Philosophie ist nur der Beginn
zu atmen. Diese Spur trägt den Gewinn
über das Vergessen hinaus.

E

Die Spur des Unterganges liegt im Wort.
Du musst verlassen diesen Ort.
Wortlos entsteht ein neues Haus.

F

Das Gemäuer? Nur ein Wort, ein Keim!
Keine Philosophie ist nur ein Ermessen
zu pflegen den Reim,
um das Grün, den Keim des Lebens,
nicht zu vergessen.

G

Geburtenregelung als Umweltschutz?
Als Kind sah ich Hamburg brennen.
Ist das das Licht des Lebens, es so zu benennen?
Wenn das Kind im Bombenhagel betoniert im Schutt
den allerletzten Nagel im trostlosen Reimen ...
Kreaturen so zu dezimieren?

H

KRIEG! Wer so an Klimawandel denkt,
der das Christentum beschenkt?
Meine Philosophie ist lediglich
eine Spur des Vergessenen:
»Totgesagte leben länger«?
Wenn der Krieg nicht wäre!

I

Das ist der Sold, den die Weisheit zollt:
Kriege? Nein, die haben wir nicht gewollt.
Aber wie regeln wir die Keime, die
der Welt, in der Masse, den Atem nehmen?
Einbetoniert ist die Philosophie
als eine Spur des Vergessens.

J

Bald töten wir für ein Glas Wasser
den Nächsten, der doch auch ein Christ!
Also lieber Krieg, das führt ohne Frage
den Klimaschutz zu Tage.
Und alle Religionen schrei'n: unser Glaube
ist rein. Es werden immer die anderen gewesen sein.
»Ich weiß, dass ich nichts weiß«, so Sokrates.
Dieses Wissen allein macht meinen Atem frei
im Nichtwissen Wissender zu sein.

K

Geboren ist mein Wort als Zeit des Vergessens,
da der Nagel Sein öffnete im Nihil
den Sprachgebrauch zum
Erdvergessen.

L

Welch eine Welle, wenn die Knospe sprengt
ihr erstes Grün in die Zweigenreihe
der Geschlossenheit: Zeit!

M

Die Sonne sengt das Blatt Papier
vertrocknet dort die letzte Zeile
vom großen Wir
im Abendrot.

N

Ich verweile, bis die Sonne
wieder dunkler den Horizont befreit.
Es ist dieselbe, wenn auch verändert sie
die Nacht ins Tageslicht hinaus ...
Ende als Beginn!

O

Ich ging in meinem eignen Wort verloren

Ich fand das Licht
hier, im Tal.
Jäger und Sammler wurd' ich nicht
allein durch diese Qual

zu sehen mit geschlossenen Augen.
Das Verstehen schwarz auf weiß
war nur ein Hindernis, zu taugen
über die Wörter hinauszusehen: auf Geheiß!

Ich ging
in meinem eigenen Wort verloren
wie Heraklit, den man den »Dunklen« nannte.

Da fing
ich auf das Eingangstor der Blätter Sporen:
wurde selbst Knospe, die im Licht verbrannte.

P

So begehe ich
die alten Wege neu.
Die Zeichen aber blieben Erde
für einen Neubeginn:

Ergo und Energeia
stets die Einheit dem Worte abzuverlangen.

Q

Hier endet die Philosophie als Sinn
in der Spur des Vergessens
und doch beginnt im – selben Wort –
ein Neues – auch wieder – »wie bisher«
als Untergrund für das Besessene!

Das, was wahr war, bleibt wahr,
alleine durch die Zeit …
hinaus wie auch hineingedacht –
in das kleine unbekannte Wörtchen: Ewigkeit.

Für mich jene Zeit im Sein als Beginn
in meinem eigenen ›Ich bin wurde wahr‹!

XYZ

Ende und Anfang zugleich

Ende als Beginn
ist in der Philosophie
der einzige Sinn
die endlose Wortgalerie

im Beginnen – ein Tuskulum –
über jedes Ende hinaus
mit dem ganzen »Wort-Drumherum«
zu bauen, das ruhige Haus.

Die Einkehr zu stunden
im Zeitenspiegel die Gesichter
versiegeln, damit sie auferstehen

wie das Blattgrün in den Frühlingsrunden
Wort an Wort – die Tausend Lichter
Blüten und Blätter aufs Neue zu begehen …

Ende als steten Neubeginn …!

August-Wilhelm R. F. BEUTEL

Meine Liebe im Zeichen des Wortes

»Holzwege« – Das unvollendete Vollendete (die Sprache)

Buch IV

I

Das Unvollendete
Noch ungeboren und doch Natur

Der Beginn meiner Gedanken »Meine Liebe im Zeichen des Wortes«, da befand ich mich in einem alten Zug der Reichsbahn, der meine Mutter mit uns drei Kindern aus dem brennenden Hamburg herausbringen sollte. Wie oft er anhielt? Zwei Tage für 100 km dauerte dieser Ritt auf diesen Kufen dieser Bahn, meiner Rückerinnerung an diese Zeit.

Tieffliegerangriffe hinderten die freie Durchfahrt. Und dieser Zug – er war mein Wort – rüttelte und ratterte auch heute noch durch Raum und Zeit. Ich schaute hinaus. In der Ferne liefen die Schienen ja zusammen. Dort angekommen bot sich mir, aufs Neue vorausschauend, eine Öffnung, die in der Ferne wieder am Ende schien … zusammenlief.

Heute, das Alter erreicht, viele dieser vermeintlichen Endungen der Gleise – LEBEN – erfahren, fröhlich und auch in Krankheit und Elend – KRIEG – erlebt usw.!

Und ich fuhr und fuhr, und die Parallelen öffneten sich und gaben sämtliche Kategorien frei. Und ich bemerkte, überrascht, wie der Zug – Leben – Wort – um unsere Mutter Erde seine Gleise legte. Und als ich das unzähligste Mal über Goethe, Schiller, über die Gleisenden, die Endpunkte öffnete, um weiter, herum das große Rund – Wort – zu lösen, fuhr, da begann ich, bei Heraklit aufblickend, auf seinen Schultern sitzend, über das Gleisende hinausschauend, dass alle Züge (Worte) einen Ursprung hatten; den, der überwunden werden musste.

Nietzsche schrieb einst: »Suche dir einen Philosophen und überwinde ihn.« Und ich begann. Ich überwand. Heute begreife ich: Überwinden heißt nicht verdammen, verwünschen, fortwerfen; nein, überwinden heißt: Verstehen! Und ich verstand.

Wieder fuhr mein Zug zwei Jahre um »Der Erde Rund«, um Kant zu überwinden. Bei Heraklit hielt ich heute inne.

Meine Wörter öffneten sich in das Licht hinaus, und ich bemerkte, im Heute angekommen, nach zweijähriger Krankheit, ständig dem Wort entgegen mit ihm eins geworden zu sein.

Und ich begann den Ansatz zu Teil IV meiner Buchreihe I–IV mit meinem Buch »Meine Morgenröte – Jenseits aller Kategorien«, Band II »Mein Weg durchs Wort der Zeit«, Band III »Erste Schritte in das Licht« und Band IV »Der geöffnete Blick. Meine lyrische Lebensphilosophie«.

Da bemerkte ich, dass Nietzsche, Heidegger, Hegel, Goethe, Schiller usf. alle in ein und demselben Wort ihr Zuhause hatten.

Die alten Inder sprachen: »Macht frei euch von dem Paar der Gegensätze.« Dann steige ich mit Heraklit in denselben Fluss und fand mich bei Euklid wieder: »Einheit ist, wonach jedes Ding Eines genannt wird. Und? Zahl ist die Einheit der zusammengesetzten Menge.«

… und weiter auf den Gleisen, die mein Ich erkannte. Mein Wort ist nicht nur das Gleiche, sondern dasselbe! Die Einheit Leben zu verstehen, obwohl wir uns der Zeit mit unterwerfen, neu und besser sein zu wollen als das Alte …!

Zu Beginn ein paar Zeilen, wieso, warum ich »Zeichen, Wort, Liebe« in einem Atemzug nennen möchte.

Da fällt mir prompt der Name, das Zeichen, auf den Tisch – der IDIOLEKT – der individuelle Sprachgebrauch. Schon bin ich mittendrin im Kopfschütteln, um aus dem Wirrwarr der umherfliegenden Anzeichen, was dort gemeint ist, in den Händen haltend mir vor die Augen und die Sinne heben möchte. Spricht nicht jeder seine individuelle Sprache? Versucht er sich verständlich zu machen? Ich meine: Ja! Und schon folgen Zeichen, Hinweise – durch Zeilen, die ich einfach so in den Raum hineinwerfe, dass sie im Fortlaufen – meiner individuellen Sprache – aus diesen folgenden Bruchstücken aus Lexika, aus alten Schul- und Studienunterlagen sich dieser Titel: »Meine Liebe im Zeichen des Wortes«, der Abschluss meiner vierbändigen Ausgabe »über, um, durch« das Wort auf eine vielleicht als Lebensabschluss meine Neugeburt einer ganz neuen Sprache zwischen den Kickstellen der iPhone ... Punkte/Striche – irgendwo noch diese Liebe zur Muttersprache – weltweit – mir und auch anderen zu offenbaren.

Jetzt ein paar lose aufs Blatt Papier geworfene Taschentuchkno-
ten, die im Laufe meiner Aufzählung – kleinste Sinngedichte
(Epigramme) – immer wieder aufkreuzen. Ich beginne mit
dem Duden! »Das Wort (germ. Stammwort) (lat. verbum) 1.
grammatisch kleinster selbständiger Teil der gesprochenen oder
geschriebenen Rede – Mehrzahl = Wörter! 2. Zusammenhän-
gender Ausdruck von Gedanken, Wallungen, Gefühle usw.:
Mehrzahl = die Worte.
An dieser Stelle, mit einem Sprung, hinein in jene Menge,
die mir stets auch Einheit und Einzelnes in sich! Das war und
ist … Das Wort! <u>Meine Liebe im Zeichen des Wortes</u>

Sprachunmündigkeit ist jene Armut
verletzbarster Art, sich selbst nicht zu gehören
jenen Anfang im Endloskreis mit Hut
der Kopfbedeckung – Mut – nicht zu stören.

Der Anfang eines Kreises ist das Laufrad: SEHEN.
Als Beginn ist stets der Einstieg ins Karussell
zu wagen. Punkt um Punkt das Verstehen
einzutragen, sonst endet dir sehr schnell

die Diallele, den Ringlauf der Gedanken
nimmer wieder einzufangen.
Darum ist auch der erste Gang stets der Sprung

in die Welt des Trubels, ohne Schranken
in der Liebe zum Wort, das SELBST zu erlangen:
Das sei der Endgang meiner sprachlichen Fügung.

Einstieg in mein Wort: <u>Noch ungeboren und doch Natur</u>

Meine Gedanken vertiefen sich in ein Buch von Wilhelm DILTHEY (1833–1911) in seinem Werk »Der Aufbau der Welt in den Geisteswissenschaften«. Wo ich für mein Wort – sein Wort – zutiefst entdeckte.
So beginnt er: »Wir sind selber Natur, und die Natur wirkt in uns!«

Natur ein Wort – Chiffre, Seele –
einer Benennung, die vor mir kniet
wie ich, im Herzen selbst ein Licht.
Am Horizont mir einvernehmlich,
als ob mein Selbst es mir erwählte –
ich zu werden – Wort bei Wort:
Natur!
Muss ich all die Hintergründe kennen, die sie, das Wörtchen Natur, in sich gebärt? Wir sind oder ich bin? Eine Formel nur, ein Dia-Bild für das Album: Zeit. Weiter S. 12: »Die Form des Rechtes müssen daher Imperative sein, hinter denen die Macht steht, sie zu bezwingen.«
In den Hinterhöfen der Alltäglichkeit – Leben – wirkt dieser Befehl in mir Nichtnatur zu sein, um dem näher zu kommen, was in mir mitschwingt, stellt sich die Erkenntnis ein: »Die Geisteswissenschaften sind so fundiert … in diesem Zusammenhang: Leben – Ausdruck und Verstehen!«
Das Wort Natur wird immer umfangreicher, »dunkler«, ein Ausdruck ein Verstehen? Nein. Mir ist die Natur ein Blühen, ein Sichbekennen, selbst Blüte am Baume zu sein, die ein Neues Selbst in die Welt webt, die sich dort Natur nennt.
Dilthey sagt, an anderer Stelle: »Die Blüte gehört zum Baum, aber die Frucht nicht mehr, sie ist ein eigenes Selbst!« Natur?
So weitet sich ein einzelnes Symbol, ein Wortverhalten hinaus

in all mein Grün auf der Weide meiner Großeltern – neben dem Hof – und wirbelt die Gänseblümchen durcheinander, die Teil der Heimaterde mir! Hier wird kein Baum: Eigner! Hier nimmt die Natur das Blühen selbst in die Hand; so scheint es mir, gehe ich barfüßig durch diese Blüten-Zyklen einer transzendenten göttlich himmlischen Kreislauffolge meiner Wiese in den Horizont, er, der mir mein Leben besonnt.

Kein Apfel, keine Birne, keine Nuss bricht dort vom Baum. Die Erde selbst erfüllt sich – Natur – ein Gänseblümchen nur auf dem Wege zum Selbst? »Wir sind selber Natur und die Natur wirkt in uns!« So ziehe ich meine Bahn, dem Dilthey-Worte nach, selbst diese Natur zu sein, ohne Imperative, ohne Macht einer Gemeinschaft, die mir die IHRE Natur aufdrängen will. **Ich zu Ich:** So beginne ich ganz zwanglos meine ichgewählte Natur …!
›ich bin‹ ein Jäger mit den Augen: Friede!
›ich bin‹ ein Suchender im Wort nach mir: Verschwiegenheit!
›ich bin‹, so glaube, ich noch ungeboren: Liebe!
›ich lebe‹ außerhalb der Zeit, bin ich noch tot?
›ich bin‹ der reichste Mann der Welt, denk ich an all mein Fühlen:
      Sehen!
›ich bin‹ mit all dem Reichtum dieser Welt bestückt, ich lebe heut
      und hier!
›ich bin‹ zum Sehen für das Morgen mit der Liebe ausgestattet, in all
      der Dunkelheit noch Licht zu sehn:
›ich bin‹ ein Jäger. Ich liebe, also lebe ich – so fand ich mich: Ich!

… ein Gänseblümchen auf der Wiese der Großeltern, dort, wo mein Wort begann sich auf den WEG zu machen, irgendwo auf dieser Mutter Erde, dieses Selbst – Natur – zu leben: Wort bei Wort …!

... auf ein Wort ...

Das kleinste Quadrat und der kleinste Kreis bilden Punkte in die Unendlichkeit hinaus (hinein)! Beide sind menschlich gesehen nicht zu fassen. Es sei denn, man geht über in den Negativbereich in die dort befindliche transzendentale Sprachbegehung. Dort weiß man zu wissen und der Gedanke wird wahr ... (Gesetze etc.)

Die Quadratur des Kreises ist also weder sprachlich noch mathematisch zu lösen!? Man versucht über das »Pi« im unendlichen Zahlenwulst das menschliche Gehirn zu überlisten: der Wille zur Macht!

Alle Gläubigen können, sie wissen nur nicht, wie dieses Nichts, der gesamte Nihilismus, in die Gleise der Wortgebung einzuweisen ist.

»Ich denke, also bin ich!«, sprach Descartes!

»Ich bin«, muss das schon denken sein?

Hier öffne ich meinen Gesichtskreis hin in meine Parallele, ohne Anfang, ohne Ende, ohne Kreis, ohne Quadrat, da dort all das in der Einheit Euklids sich auflöst. »Einheit ist, wonach jedes Ding EINES genannt wird. Zahl ist die Einheit der zusammengesetzten Menge!« Ähnlich verhält es sich mit (beim) Wort. Gleich welcher Religion man angehörig.

Verlege ich jeden wörtlichen Gottesbeweis in diese Punkte, dann bilden sie sich am Ende zu unserer gemeinsamen Auffassung auf eine unergründliche EINHEIT (1)! Diese Einheit bildet im tiefsten Sinne des Herzens eine unendliche, nicht zu fassende Vielheit, die ich in der unendlichen Parallele aufnehme, um sie, als Wort (1) umgesetzt, wieder als eine (1) einzelne Einheit »Das Göttliche« in aller Welt – Glaube – umzusetzen!

Gott gegen Gott drängen die Menschen sich dann in ihre ureignen Kanäle, um in ihren Religionen selbst gottähnlich zu werden. Dann führen sie, die Menschen: Kriege. Und der Sieger bestimmt dann den neuen Gott – als WAHR – und die anderen alle – sie lügen! Und an den Gräbern dann, dort stehen sie –Hand in Hand – und betränen die Toten, die für irgendeinen Wort-Gott, für den sie töteten, trauern!

Glorreich mögen diese Tränen fließen. Sie sind Symbol für DAS, was ich als »unmenschlich« dennoch empfinde. Sind wir wirklich schon Vernunftwesen, dem Vorfahr AFFE entledigt? Um nicht als Krebsgeschwür einst – als irgendein Massewesen – die Erde in Schutt und Asche hinterlassen? Dezimierung ist angesagt, um dem Kind und den Kindeskindern, auch morgen und übermorgen noch das reine Glas Wasser geben zu können, um sie in unsere alles geliebten Erde zu entlassen … zu gebären …!

Die Dezimierung: Geburtenkontrolle durch KRIEG? Es bleibt beim Heiligen Krieg: Das ist der Mensch heute!

Schon der Philosoph F. Nietzsche fühlte sich nicht mehr als Mensch, und zu dem möchte ich mich – in Erinnerung an das »brennende Hamburg« als Kind im II. Weltkrieg – schon lange nicht mehr zählen.

Darum diese, meine etwas heftigen Zeichen, Synonyme, Titel, Benennungen etc., um einfach wachzurütteln, nicht Übermensch nach (F. N.) zu werden, sondern ganz einfach ein Wesen der Vernunft, mit einem klaren Glas Wasser in der Hand und im Sinn, es dem Nachwuchs mit gutem Bewusstsein für seine Zukunft auf Erden zu reichen!

In diesem Punkte mögen sich alle Religionsrichtungen aufmachen: Mensch zu werden!

1
Gegeben wurde nur das Wort
im Alter – heute – tagbewusst
den Traum – Verstehen – neu zu begehen.

2
Ich fand mich auf einem leeren Bogen wieder!
Kein Buchstabe, kein Zeichen,
nicht einmal ein Punkt zu sehen.

3
Ich ging, folgte dem Aderlass
des Sichbekehrens: wortlos zu sein.

4
Meine Sinne alle, sie
waren wie eingesperrt,
gefesselt an der Mauer: Unverstand!

5
Ich schaute auf meine Hände:
bewegungslos mit der Feder in der Hand
wie die Ur-Ur-Ahnen, als sie
dem Federkiel zaghaft wollten
ein Zeichen entlocken.

6
Da flog irgendein Wort an mir vorbei.
Jemand schrie um Hilfe.

7
Ich öffnete die Augen, meine,
und was sah ich? Mich!
Da war der Schrei vorbei.
Wortlos war mir allemal
ein seliges Wort:
»Kommt Zeit, kommt Rat«
So warte ich. Bis heute.
Und so begann ich im Selbst Wort zu werden:
N a t u r !

Der Kreis

In diesem Bezirk, der Kreis
schlägt das Wort in sich zurück.
Er selbst wird ständig der Beweis
Anfang wie auch Ende im Glück

oder Leid, den Klub
der gläubig Umnachteten
einzubläuen, jeder Schub
der Betrachtenden

sei als Beispiel in sich
das Wort einzugeben: zum Beispiel Recht:
Dort werden Anfang und Ende der Beweis.

Der Zyklus bildet im Ich
des Herrschenden – Gut und Schlecht –
Wahrhaft zum Gesetz: Das ist der Kreis!

Theoretische Vernunft

Ich sah das Wesen
ein Synonym
da trat ich im Gewesen
ein in dieses Ungetüm

zog eine Wand ganz gelinde
hinauf, Wesen zu erkennen.
Da trieben mich mächtige Winde
die Schwüre zu benennen

denen ich Worte einst eingab
die Chiffren zu lösen.
Ich schwieg, um die Kraft

die das Licht mir sandte fernab
des flammenden Dösens –
und trank den meinen Atem: Lebenssaft!

Gut und Böse

Blut war gegeben.
Der Rand war ein Bild:
… die Seele zu leben …
Mein Wort ward zum Schild.

Vernunft liegt im Kreis
als gegeben.
Die Folge bringt den Beweis
ganz gleich wie dein Leben

die Folge dir beschreibt.
Der Anfang ist gegeben, in sich
ein Angesicht, das vereint

das überirdisch Gegebene einverleibt
zu stillen, heimatlich:
Gut und Böse, im Licht vereint.

A

Wenn ich alle Wörter dieser Erde
einbeziehe in einen Kreis
löst sich in mir die Frage: Werde!
Was blieb mir auf Geheiß

eine einzige Formel: Gegeben!
Durch das Labyrinth der Augenferne
Licht und Dunkel, als Tag zu leben.
Der tiefe Frust der Lösung, Sterne

einzugeben, bedingt der Menschenmoral.
Den Stein der Weisheit
als Grotte in das Dasein einzuweben.

Die ausgemachte Moral ganz banal
in aller Bissigkeit
als Selbst darzustellen: als gegeben!

B

Am Ende des Blickwinkels öffnet sich
das Normale zum Gebogenen
dem tristen Ausmaß tugendlich
die Biegung der Kreise, die verlogen

dem Auge das weltliche Angesicht
in die Hände legen. Des Daseins Trugschluss, Pflicht
und Artigkeit als verwegen

dem Licht der Nacht zu hinterlegen?
Der Mittelpunkt eines Kreises
ist Blick – Konserve, Kategorien

zu benennen, die entschlüsselt, verwegen
die Stimulanz des Beweises
die Ewigkeit als Wort wird dir einfrieren!

1
Nicht ein Wort brachte der Tag zu Tage.
Auf dem Arbeitsmarkt trägt dein Antlitz
den Ruß der Unermessenheit zu Grabe.

2
Tage verfliegen im nächtlichen Aufbegehr,
sich der stillen Gepflogenheiten zu stellen
sich selbst zu befreien!

3
In der Nacht vor dem Tage
schlug die Uhr unhörbare Schläge
stumme Ahnungen in das Tagesgespinst:
zu gebären!

4
Jedes Kind muss nicht erwachsen werden.
So wie jedes Alter nicht die Kindheit
auferstehen lassen kann …!

5
Bei mir stand die Kindheit auf. Im Spiegel
Tod und brennende Städte. Im Alter dann:
Heute, kann ich so recht erwachsen werden.

6
Das Gestell LEBEN gibt mir Tag um Tag
d e n Atem ein:
zu gesunden …

7
Heute bin ich aufgewacht, von langer Krankheit
ein wenig Abstand zu nehmen.

8
Nicht ein Wort, eine kalte nackte
Kellerwand fand mich
im Gebet: Bestand in
der kindlichen Hoffnung, den II.
Weltkrieg zu überleben …!

B

Jugend/Alter – lyrisch betrachtete
Bewusstseinsprozesse

Die Tage der Ruhe sind dahin.
Der Anbau ist das Wort: Jugendzeit.
Im Alter dann die Frage, wer ich bin?
Die Antwort einfach – nicht gescheit.

Der Kreis Leben als Geheimzahl allemal
weist das Bewusstsein in die Logik ein.
So spricht das Alter von der Moral
und fällt ganz sacht banal

auf Sprüche rein, die Worte sollten sein.
So träumt die Jugend vom Älterwerden
vom Rausch der Sinne und der Lust

sich dem hinzugeben! Herein
ins Klubhaus Altersbereich: Die Beschwerden?
Da möchte man wieder 17 sein: Jugendbrust!

Benjamin Lee WHORF sagt: **Sprache sei, so königlich** auch ihre Rolle ist, gewissermaßen nur ein oberflächliches Muster tieferer Bewusstseinsprozesse!

Somit sehe ich Makrokosmos und Mikrokosmos als eine (1) Einheit vor mir. Jedes Wort ist im weitläufigsten Sinn – in sich – Makrokosmos, denke ich an die Milliarden Menschen dieser Welt, wo jeder Einzelne seine ureigene Beziehung dazu hat. Doch, denke ich an das WAHRE Wunder der Sprache, wie einst Schiller sich darauf berief, dann habe ich die Möglichkeit, vom Makrokosmos – Wort an Wort – Satz für Satz – an den Kern dieser musischen Quasisprache Mikrokosmos heranzugelangen, und sei es über die Musik, den Sport, die Liebesbekundung etc. die Weite ein wenig aufzulösen. Ganz werde ich den Atem des anderen durchs Wort nicht minimieren können, aber der Wille der Annäherung ist das eigentliche Hintergründige – ein Verfahren der wohlgemeinten globalen Verständigung.

Whorf dazu: »Ein Zeichen kann nur dann sinnvoll gebraucht werden, wenn es systematische geordnete Beziehungen zu anderen Zeichen hat!«

Ich spüre den Atem des Gesprächspartners und forme im Nachfragen – mich – über Mikroben an das eine Wort heran. Um aber ganze Sätze zu verstehen, da brauche ich, somit auch der andere, v i e l Zeit … und die nehmen wir uns so selten, so dass es, mit dem eigentlichen Wunder »Verstehen« zur Farce herabgewürdigt, lediglich dieses Plappern wird, wo die Masse Mensch denkt, im Wort gedacht zu haben.

(L. W.) »Kurz, das Thema der Metalinguistik – ,sind' – letztlich die Beziehungen zwischen einer Sprache und der gesamten übrigen Kultur der Gesellschaft, die diese Sprache spricht! …«

Dem schließe ich mich wortlos an!

A

Das Wort ist mir wie der Knoten
als Erinnerung ins Taschentuch
gegeben. Und niemand von den vielen Exoten
weiß, ist er Glück oder Fluch!

Erinnerung, auch das Wort, das ich gegeben
auf dem Blatt dem weißen Bogen
ist nur der Ansatz mir im Streben:
Sprach er wahr, oder war's gelogen?

Niemand knackt das Wort, nur die Rinde
den Hauch von Ahnung Wissen zugleich.
Er spürt den Atemstoß, der geschrieben

ward als Gedicht, ein Epigramm. Gelinde
gesagt ist der Schild gar zu weich.
Oft hat das Wort alleine den Sinn vertrieben!

1
Wörter kommen, vom Gesetz gegeben. Werden
betitelt als wahr, durchs Gesetz verkündet.
Im Handbuch war nur das Zeichen vor Ort …:
Wo blieb das W o r t?

2
Das Gelöbnis zu lieben
hatte ich in mein Buch geschrieben.
Was blieb?
Es war ein Dieb, er
hat es mir für lange Zeit gestohlen.

3
Ich fand es am Ende der Alleen
am Grabenrand. Dort lächelte
eine B l u m e : der Wilde Mohn
und gab mir die Liebe zurück.
Ich ließ eine Träne vor Ort, als
ein Tropfen, der der Pflanze Nahrung möge sein.

4
Das Wort ein Wort: Buchstabe
für Buchstabe Striche auf einem großen Bogen.
Aber wo blieb das Wort?

5
Da kam mir der Gedanke vom Knoten
im Taschentuch und schwups
war das Wort, was ich verloren glaubte,
wieder vor Ort.
Vor mir der Wilde Mohn
am Wegesrand.

6
Gegeben ist oft ein gewonnenes Gewesensein.
Aus manchem Wort ward unlösbar: Stein!

B

Wie befrage ich das Wort ohne Wort?
Nimm deine Mimik hinein in den Raum.
Schriften sind als Thesen vor Ort
die beim Lesen sich kaum

verändern. Das Abc ist vergessen
die Arglist ist das A und das O.
Begehe ich mit Sinnen, zu ermessen
Laut und Laute? Sie sind sowieso

eine Hinterlassenschaft
das Außen zu bebildern
in Zeichen zu offenbaren

wo und wann das Wesen rafft.
Ich möchte nimmer schildern
wie Hass und Neid sind zu erfahren.

(Anfang ist A ein Kreis,
O das Ende als Beweis)

C

Idiolekt[*]

Meine Aussage über das Wort

Wie viele Wörter hat ein Baum?
Ich begann zu zählen:
Blatt für Blatt. Der Traum
mein Wort zu erwählen

war mir in die Seele eingegeben.
Inhaltsverzeichnis war der Zyklus mir
ich gab dem Text an die Hand – zu leben –
Jedes Wort eine göttliche Zier.

Aus der Knospe unscheinbar blass
und scheinbar tot, wie das Wort.
Ein einfaches Zeichen im Wind

brach die Sonne die Knospe ohn' Unterlass.
Aus der Einheit Knospe wurde der Baum zum Ort
und jedes Blatt ward ein himmlisches Kind.

---

[*]   (Idiolekt: individueller Sprachgebrauch.)

D

Kriege sind Dezimierung der Macht
sich zu unterwerfen – ich oder du –
sie schossen BEIDE: verlacht?
Jetzt sucht das leere Ich sein Du: immerzu!

»Einheit ist, wonach jedes Ding
Eines genannt wird.«
Euklid sprang in den Ring
und verwirrt

stand ich am Rande: »Zahl
ist die Einheit der zusammen-
gesetzten Menge.«

So war seine Erklärung einst meine Qual
die Zahl zu verdammen
im Wort meiner Strenge!

E

Ich atme aus.
Ich atme ein
und band Euklid mit Applaus
mir als Wort ans Bein.

Schaute hoch hinaus
den Hinweis zu ertappen
baute auf, so mein Haus
mich nicht ständig selbst zu verklappen.

Doch beim Lesen seiner Zeichen
ohne Qual will ich I und Teil II
nur Wort sein … keine Zahl.

Der Atem dahin, im Verweilen.
Die Hand gebar mir das Traumeinerlei.
Der Titel blieb Saum, die Zahl blieb Wahl.

F

Ich fand zum Wort
wie das Kind zu der Mutter Brüste.
Ich stand stets sofort
im Bereich der inneren Gelüste

mich einzugeben, um zu sprechen.
Der Tag gebar das Morgenlicht
wie das eine Zeichen, zu zechen
im Rausch das Trinken als Verzicht

der Hingabe sich zu öffnen dem
was das Herz im Trunken
der Hirnnacktheit mir hinterließ.

Ich fand heute das Wort im Leben
eingestanzt als Krug im Ton, als Funken:
Und schon lag mein Wort auf dem Spieß!

G

Krieg ist das Ausatmen des Willens zur Macht.
Nicht jene Macht, Leben zu gesteh'n
stand auf dem Lageplan. Gedacht
lag der Text auf Eis, um ihn zu begeh'n.

Über das Eis zu wandeln wie das Wort
wenn es flieht. Öffne mir bitte
damit der geheime Ort
das Verstehen, ruht, in der Mitte

der deinen Frage: Wie war sie noch?
Ja, Krieg: Tagesgeschäft, das ist die Wiege
der Menschheit im Urbett, frei nach Zille

die Gesinnungskarikatur als Joch
zu ersetzen. Nichtbeherrscher der Kriege
das ist des Menschen wahrhafte Pille.

1
Das Wort zum Wort
und wo bin ich?
Da sprach das Wort zum Wort:
Ich bin ein einzelnes Mal für dich.

Da weinte das Wort, und der Gedanke
übersprang die muntere Schranke
und brach sich just das Gelenk.
Das Wort zum Wort: als Geschenk.

2
Soll ich weiterdenken im Wort?
Fragte das Wort? Nein.
Da fiel mir ein, in der Diallele
verstrickt komme ich aus dem Wort
nicht heraus.

3
Da schlug ich die Hände vors Gesicht,
verließ die Zeichen:
Wortlos stand ich da. Was fragte es?
Ich? … oder das Wort?

4
Im Sinnen eins zu sein. Die Vielheit Wort
überflogen, da jedes Wort in sich gelogen
jeden Ort widerlegt. Da hintergangen
jedes Einzelne (das Wort in sich) sich erniedrigt,
Masse zu sein in der Vernunft: Wort, Wurzel,
Benennung usf.!

5
Da folgte ich dem Text
ganz wortlos in der Masse.
Gebunden! Und ich machte
mich frei, in der Wolke der Begriffe
jene Einheit zu sein,
die alle Zeichen
zum Geheiß auf die Bahngeleise
in die unendliche Weite schickt.

Um das Licht,
nicht das Wort, sondern
den Glorienschein zu verdammen.
Dort, wo das Gehirn
die Zellen befragt,
um stilvoll zu beginnen.

6
Nein! Jedes Wort hat ein Ich in sich,
das dir das Selbst zum Selbst gebiert
Kategorien frei zu bestimmen.

7
Bin ich gefangen?
Bin ich frei?
Hier löse ich das Wörtchen ich
in die Belange – Stil – hinein
in jeder Vielheit, Einzelnes (1) zu sein!

8
So fand ich zum Gepräge zurück.
Überwunden waren alle Zeichen:
ein Massegeschehen: Auge, Ohr, die Nase –
Blumen in der großen Vase – MENSCH.

C

Die Macht des Wortes
(Das Wort als Teil der Ewigkeit)

Der Morgennebel stieß aus den seinen Nebelatem.
Und auf der Weide Pferd und Kuh.
In den Hindernissen hinterließ der Spaten
Stich für Stich ein Rendezvous

zu glätten die neblige Flur. Morgenröte
fiel ein in den Morgen, in die Sinne.
Wiehernd empfing mich das müde Pferd. Und die Kröte
unkte ihr klagendes Lied ins Netz der Spinne.

Die Macht des Wortes ist nicht der Titel an sich –
nein, es ist der tiefe Gedanke, der einsam steht
als Wachsfigur in der Ferne

dort, wo der Atem der Sonne Angesichtern glich
dies Antlitz vor Scham errötete. Es weht
ein Blumenstrauß hinaus in die Sterne.

Das JETZT ist jedes Wort, sprichst du es aus, stets ein Teil der Ewigkeit

Anknüpfend an das Wort Sokrates' und das Problem – dieses 1 % Rest seiner Aussage, die er nicht gab oder nicht geben wollte? Oder, so wie ich es sehe, vereinfacht es in den Raum zu stellen: uns als Rätsel in der Sprache (seinem Wort) uns überließ.

Thomas von Aquin: »Etwas durch einen Spiegel sehen, heißt die Ursache durch die Wirkung sehen, in der deren Ähnlichkeit wiederkehrt, daher scheint Spekulation auf Meditation zurückzuführen zu sein.«

Das Jetzt (den Moment) als Ewigkeit zu betiteln ist genauso illusorisch, wie dort eine Verknüpfung vornehmen zu wollen. Denn? Das Wort in sich beschränkt diese Möglichkeit, sich selbst nicht im Spiegelbild zu erkennen, denn der Moment ist in dem Sinne schon Mehrzahl von unendlichen Momenten, die wir als Menschen nicht fassen können. Teile ich das Spiegelbild in Ursache und Wirkung, dann begehe ich schon wieder einen neuen unendlichen Raum: Wort an Wort – Jetzt an Jetzt!

Somit wären das JETZT und die Ewigkeit als Wort in sich identisch, ein einziger menschlicher Begriff. So lösen sich auch meine 100 % der sokratischen Aussage »Ich weiß, dass ich nichts weiß« auf, in dem 1 %, das ich als Möglichkeit herausnahm, auf.

Eine philosophische Erkenntnis? Nein! Nur mein persönlicher Gedankengang, sich vom AUSSEN jeder Sprache, jedes Sprachraumes – Wort – von der Ursache (fällt ein Wort in den Raum) zu distanzieren.

So möchte ich an dieser Stelle Sir Isaak NEWTON zitieren. »Ich habe Descartes viel zu verdanken. Wenn ich etwas weiter sah als andere, so deshalb, weil ich auf den Schultern von Riesen stand.«

In diesem Sinne füge ich mich ein, auch auf den Schultern vieler Riesen, angefangen bei Heraklit, Sokrates und Euklid, dem Mathematiker, gesessen zu haben! Stehen, das wäre mir in meinem Sinne zu fremd, denn ich suche heute noch die Nähe dieser Wort-an-Wort-Kombinationen, die ich meinen Vordenkern seligst abnahm, auf, um daraus den eigenen Atem zu beleben.

So sprach Spinoza (1632–1677): »Sich der Totalität des Universums bewusst zu werden, bedeutet frei zu sein – nicht vom kausalen Determinismus, sondern von der Unwissenheit des eigenen innersten Wesens.«

Nichtzubegreifendes zu erkennen, da bedarf es im Grunde dieses Dings Universum in seiner Totalität erkannt zu haben. Da das hier nicht der Fall ist, dürfte ich diese These so –eigentlich – nicht aufstellen. Spinoza tat es, so wie Sokrates sagte: »Ich weiß, dass ich nichts weiß.« Das bedeutet im Grunde, eine gleiche Vorgehensweise getätigt zu haben. Wie will ich aber wissen, dass ich nichts weiß? Dann müsste ich im Grunde das Wissen insgesamt umrundet erkannt haben.

Die Substanz, die Allheit Denken, menschlich zu gestalten, das ist im Grunde die Konsequenz, diesen Sokrates-Satz noch mehr auszuloten.

»Ich weiß, dass ich nichts weiß« und ich folgere weiter, und nur darum weiß ich mehr, als alle sie, die von sich behaupten ALLES zu wissen. »Die ganze Totalität der Substanz Universum und Wissen – hier hervorgebracht.«

Verwalte ich das Universum nach Euklid 1. »Einheit ist, wonach jedes Ding EINES genannt wird.« Somit ist die Zahl die zusammengesetzte Menge (dieses Einen).

Hiermit, an dieser Stelle, weise ich auf meinen Anfang A zurück und bewörtele alle diese punktgewordenen Quadrate und Kreise: Religion an Religion, Wahrheiten/Lüge, Groß und

Klein ... als diese mir freigewordenen Kategorien ein. Sie wurden Wort und damit Teil dieses Universums.

An dieser Stelle öffne ich alle menschlichen Blick-Winkel und -Formen, -Benennungen, -Prägungen in Zyklen, Folgen zum »Feuer und Logos = Weltvernunft« nach Heraklit.

An dieser Stelle verkümmert das Wort, das, so Schiller und W. v. Humboldt und andere weise Menschen mehr, zum Kreislauf wurde, dort, wo die Diallele im »Circulus vitiosus«, der Ansatz als wahr vorgegeben, sich ständig an der Stelle, wo der Kreis – eines Wort – begann, sich der Mensch selbst als »gottähnlich« zur Schau stellt. Nicht Gott machte uns zu seinen Ebenbildern ...!: Ich blieb Mensch. ... unvernünftig? Mag sein, weder wahr noch falsch, einfach Ich, das sich aus dieser Allheit – Masse – in seinem Sinne umsetzt und ständig nachfragt, wenn sich Ringe, Kreise und Quadrate im Anfang sich öffnen, um vielleicht doch mehr dieses Wesen der Erde zu werden, wie jenes eine grüne Blatt am Baum ... so wie der Idiolekt, mein individueller Sprachgebrauch, mich formte ... dort wo die anderen dann von Verformung sprechen. Aber dort, wo alle Kategorien enden, lebt die wahre Sprache in ihren ständigen Bereichen bildhaft in der Energeia weiter, im Sinne der Menschwerdung ständig sich weiter – dorthin – zu entwickeln ...!

Es ist das Licht
was mich an Dunkelheit
erinnert. Es bricht
als Wort als Zeit

als Flamme in den Raum.
Gebrochen der Tau
im Angesicht – der Traum:
Regenbogenschau!

Auf leisen Sohlen kommt ein Nichtwort
angeflogen; tätschelt mich
im stillen Reigen …

Wolkenfetzen! Wörterhort
sollt ständig in sich
mir die reine Wahrheit zeigen …

… es ist das Licht …

Erinnerung an mich.
Totenstille steigt empor
häufte an den Raum in sich.
Die Lerche bremste ihren Chor.

Es standen still die Musen
aller mir bekannten Philosophen.
Aus dem Schatten stoben Flusen
Wortfetzen verbrannt im eignen Ofen

Asche blieb, um zu verschweigen
all die Schatten, die mein Leben warf
aufzufangen in das Erbe: Welt

mich zu betrachten. Mein Eigen
das eine Wörtchen ich – bei Bedarf –
ein Teilchenschein: Tagessoll – mein Zelt.

A
Übersinnlich glitt mein Fragen
in das Gestänge der Massenphilosophie
dort, wo das Erfragte stets Antwort in sich.

B
Auf dem Treppenabsatz Freiheit auszurufen
stand die Magd, entblößt:
Der Feind machte Beute, wie gehabt.

C
Ruhelos ist meine Melodie geworden,
jeder Ton schrie in das Tal hinaus,
solle alle Welt die blinden Horden
rollen zum blinden Grabe: Stein!

D
Köstlich rief der Kommunist: »Wir siegten!«
Glorreich schrie der Demokrat: »Wir gewannen auch!«
Da sprach das Kapital:
»Wortgetreu trugen sie die Siege heim: Beide, für mich!«

E
Da sprach er, der Weise, leise sein Wort
und alle vermissten die Zahl:
den Gewinn!

F
Und der einfache Mensch, irgendein Poet,
schreibt sich das Licht in die Hand.
Die anderen lachten alle. Kriegsbereit,
siegessicher wie eh und je!

G
Ihr Hurra verstummte meinen Gesang.
Die Harmonie war vergessen! Der Wille zur Macht
trug das Ich vor die Tür, und vergessen
war das wortlose Wort am Horizont:
Es blieb ein Handbuch jenseits von Gut und Böse!

H
Geläutert, ohne Kategorien zog mein Lächeln
die Träne aus dem Antlitz fort.

I
… Und in der Dämmerung – in der Ferne –
meine Morgenröthe fern und doch so nah
lag als stilles Gelöbnis in meiner Hand.

1
Zu guter LETZT* ein Wort, ein Zeichen.
Überdruss ist in mir geschehen
in das Tal hinabzugehen,
nur um dein Wort am Tage zu erreichen.

2
Stumm kehrt das Licht mir den Rücken zu.
War ich vielleicht geboren? 1, 2, 3 …
oder war ich endlich zahlenfrei,
nach Euklid das EINE, Zeichen
im Raume EINER!

3
Wie kann ich das Wort in sich so vermehren,
dass es hinausflieht aus jener Morgenfröhlichkeit,
dass mein Antlitz beginnt ganz ohne Zähren – und –
den Morgen dabei selbst nicht vergisst.

4
Zu guter LETZT ist jenes Mahl das Leben selbst:
gegessen. Und in der Stunde die Nacht
in jene Sinne zu kleiden, dass diese
Heimkehr, dieses letzte Mahl,
zur Offenbarung seiner selbst sich stellt.
Ist der Gedanke – wortlos – ein Sinnieren
und jener letzte Happen, er beginnt
zu keimen, als jene Sättigung
daheim gewesen zu sein.

_____

*   LETZT: veraltet für Abschiedsmahl.

5
Der Gegensatz von Wort in sich
ist auch ein Wort … nur ganz anders.
Da die andere Seite sich mir als
ein Schutzschild in sich offenbart.
Gewesen ist die eine Stimme nur der Klang,
der Inhalt selbst – nur – ein Zeichen.

6
Woher nehme ich das Wort – WORT?
Aus dem Aktenkoffer der Philatelie.
Ich klebe dieses Fleckchen Papier auf
den Lippenauswurf und die Reise beginnt.
Die Antwort? Ein anderes Lippenbeben
unter einer Briefmarke eingetanzt.

7
Gedanken werden aufgebrochen, wie
das Feld, wenn alle Ackerkuhlen
sich im Licht des Tages rekeln.
Aufgeschlüsselt liegt das Tagwerk
zerbröselt am Ackerraine. Dort
allein lebt das Wort, der ungespritzte
grüne … blühende … S a u m …!

8
Hinausgehen: Wortlos!
Einkehren: Hungrig!
Heimkehren: Gelöst von Lug und Trug
im Worte sich offenbart zu haben.

9
Nimmermehr wird jener Wortsalat
dem Innersten im Einklang
Seele und dem Wort, das dir entfloh,
da das Käuzchen jener Morgenkrähe
den Nebel mir als Licht anerbot.

10
Verflossen sind die Tage: Textgeworden.
Bevor im Jetzt jede Zahl
ich abrupt beende – die Bläschen-Blasen –
und streiche Wort bei Wort zum Brei:
zum Textinhalt ... Allerlei!

Einheit, das war ich: und du?

Der Fragebogen

Wann geboren? Ich schrieb das Jahr!
Wann gestorben? Ist ungefähr
ein Licht zu klappen, so fürwahr
des Menschen unerklärliche Mär.

Ich starb Tausend Tode
im Lug und Trug
an nackten Kellerwenden? Mode?
Krieg war angesagt. Ich frug

den Fragenden nach seinem Gesicht.
Er antwortete mir nicht.
Und ich schlug im Bedauern

den Deckel des Fragebogens zu, im Verzicht
das Tageslicht als Ich, den Wicht
mit meinem Wort nicht zu erschauern.

D

Der geöffnete Blick
»Holzwege« – Das unvollendete Vollendete

Sokrates: »Ich weiß, dass ich nichts weiß.« Er starb daran: das
erkannt zu haben. Und WIR, der Rest der Welt, sollten uns
im Wissen laben?
Denken endet oft im Disput allein.

Unser Unvollkommen sollte stets vollkommen sein und das
beginnt im Sprachansatz ganz allgemein.

Sich selbst zu erkennen? In stiller Zweisamkeit benennen: Das
Leben ist in sich vollkommen: im R a u m und in der Z e i t .

DER Schritt hinaus als Handbuch: Ich – ein Mensch!

W. D.: »Die Herrschaft der Vernunft realisiert sich nur in der Gattung. Dieses Ziel wird aber nicht durch friedliches Zusammenwirken der Einzelnen erreicht. Der Mensch will Eintracht; aber die Natur weiß es besser, was für seine Gattung gut ist: sie will Zwietracht. Sie erreicht eben durch die Bewegung der Leidenshaften, der Selbstsucht, des Widerstreites der Kräfte ihre Absicht.«

So ähnlich, in seiner kürzesten Kürze, kündigte Heraklit vor 2.500 Jahren schon von der Menschheit Wahl und Ziel.

Somit verschwor man sich den Wortgöttern, um zu töten etc., zu rechtfertigen, gar heiligzusprechen.

»Krieg ist aller Dinge Vater, aller Dinge König!«, so tönte die heraklitische Vergangenheit durch alle Zeit. Vordem waren es die Ägypter, die Vorläufer usf., bis zuletzt die Affenmeuten sich in den Wipfeln der Bäume um jene Nuss, die allen gedeiht, einander töteten.

Ich sage in einem guten Gespräch, nach meiner durch viele Zeilen geforderten tieferen Beschaulichkeit, dort hören die Kategorien Gut und Böse auf zu existieren: Man muss nur Mensch sein wollen usf.!

Heraklit: »Die Zeit ein Kind – ein Kind beim Brettspiel; ein Kind sitzt auf dem Throne.«

»Mehr als sichtbare gilt unsichtbare Harmonie.« Dem schließe ich mich wortlos an … verstanden zu haben, ohne dass ein einzig Wort die Lippen verlässt.

… manche Wortlosigkeit ist wie ein Händedruck, ein ohrenbetäubendes Verstehen! Stille, auch das ein (1) W o r t !

Das unvollendete Vollendete …!

2.500 Jahre, anerkannt als weise
sprach Sokrates, vom Wissen des Nicht-
wissens, die Vollendung jener Gleise:
Sprache ist der Menschheit größtes Licht

wenn man menschlich handelt, im Wissen
das Vollendete im Wort als Teil
des Unvollendeten mindestens – 1% – zu missen
vom Wunder – »Wollen« – alles, gar alles feil:

Glauben als Wissen zu kreieren.
»Ich weiß, dass ich nichts weiß« ist:
Wir sollten unser Selbst nicht verlieren.

Das Schiller-Wunder – Sprache – im Twist
mit dem wahren Erkennen – *Erkennen* –
unvollendet als menschlich vollkommen benennen.

1
Geistige Kriege, das sind die Siege
der Menschheit: insgesamt.

2
Ich zähle meine Siege. Und ich begann bei (1).
Weiter kam ich nicht und war doch zutiefst zufrieden.

3
Ich und der andere bildeten mir eine Person.
So gebar sich ein Ansprechpartner in mir, den
ich mit meinen Problemen überschütten konnte.

4
Er ging immer darauf ein, das war mein größter Sieg:
in der Frage die Antwort erkannt zu haben.

5
Die Seinszugehörigkeit sei im Licht konstant
als Augenschein zu bewörteln, damit der andere
den Faden nicht verliert: weiter zu fragen.

6
Nachts schlief ich, doch der andere spazierte mit
mir durch die Träume. Baute Luftschlösser mit mir,
die manche Krankheit absorbierten und in Licht
verwandelten: Ich schrieb.

7
So kam das Wort zustande, das mich wachrief,
eins zu sein im Ohnmachtstaumel der Überbevölkerung.
Dort, wo das Wasser versiegt und sie in heiligen,
verseuchten Flüssen versuchten sich rein zu waschen.

8
Das Zeichen – WORT – wird ewiglich nur EINS, im Trüben
Fischen, sein, da jede Benennung, Bezeichnung nur die Nadel,
Bruchstück eines Tannenbaumes ist.

9
Diese Nadel ist auch, in sich Einheit, wie jenes
gegebene Wort, aber mehr auch nicht, wenn man nicht dem
Wunder Sprache in sich vertraut und hineinsteigt
in das große Labyrinth – Tannenwald – und versucht
über das Einzelwesen, Nadel/Wort dem anderen im
Nachfragen seinen Atem aufzuschlüsseln.

10
»Einheit ist, wonach jedes Ding EINES genannt wird, und II.
Zahl ist die Einheit der zusammengesetzten Menge.«
So Euklid, der Mathematiker.

11
Da stehe ich mit der Tannennadel in der Hand
und sehe sie als Ganzes – EIN Wort – und doch
nur als Zahl von der Unendlichkeit der Sprach-
modalitäten, an Teilverständnisse heranzubekommen.

12
Es gelang mir. Ich schwieg und hörte
mit allen Sinnen die Tannennadel
zu Boden fallen. Ich hob sie auf und war
in diesem Wort ZUHAUS. Der Duft
des Waldes dann brachte mir Verstehen ein:
vor Ort gewesen zu sein.
Raum und Zeit wurden EINS!
Sprachlos und doch Wort bei Wort:
unausgesprochen mein Verstehen!

Metasprache

Das Thema Metalinguistik – sind –
Beziehungen zwischen einer Sprache
und der gesamten Kultur – geschwind.
Beschreiber wird heute, Pünktchen: Lache

iPhone – »Punkt, Komma, Strich –
fertig ist das Mondgesicht«, so formte die Jugend
im Reimel-Chor – Stich bei Stich –
das Endprodukt zur Tugend

gewählt zu haben zwischen
der Beziehung Punkt und Strich
die Gehirnzellen zu befrieden.

Ich hörte gerade ein heißes Zischen.
Der PC zersprang: Die neue Sprache wich.
Ich hatte mich endlich fürs Wort entschieden …

Inzwischen lagen schwarze Punkte
auf dem Tisch: Inhalt? PC!

1
Waldeslust – Freiraum einen Tag ins Licht zu senden.

2
Die Eichel, die vom Baume fiel, schlug mit dem Leib
der Früchte Rund in das Laub. Und schlug aus!
Ich brachte seine Wurzeln ein ins Erdloch.
So ähnlich funktioniert's bei mir,
bevor das Wort das Wort gebärt.

3
Wort dann: gelöst, im Laub der alten Eichenblätter
windet sich Bein an Bein
zarter Wurzeln ins Erdreich ein.

4
Angekommen, so am Limitwert der Läuterung
ringen Milliarden Zellen im Gehirn
mit jenem Überfluss ein einzig Wort zu formen.

5
Dazu sagt der Mensch im Wort dann, einfach NORM!

6
Diese Form, draus ergibt sich dann der eine Ton
auf jener Leiter, auf der Klavier-
tastatur viele dieser Klänge
zu einem Lied zu gestalten.

7
So ähnlich läuft die Vielheit aller Sinn-
gelüste ein in das menschliche Wort;
wird zuerst Teil, dann
Satz, ein Aufsatz gar!

8
Da sitze ich alter Tropf
vor diesem großen Topf.
Greife hinein.
Was kam heraus? Eine Variable?
Nein, es muss; es sollt' die Liebe
zu meinem Worte sein!

9
So fand ich über diesem Topf
Sprache – wortlos – mich.
Fichtes Ich = Ich!

(L. W.) »Wir alle irren uns
in unserem gemeinsamen Glauben«
irgendein Wort habe mit Gegrunz'
uns eine genaue Bedeutung zu rauben

versucht. In den Annemonen vom Wiesengrund
lebt das Wort am Raine weiter
nicht geirrt – die Seele gesund –
zu spielen den jubelnden Reiter.

An der Ackerfurche verbrennt die Saat.
Gülle und Pestizide zu HAUF
schlucken das Erdreich in sich

hinein in den stickigen, gierigen Staat.
Man nimmt Mann und Maus in KAUF:
So überleben wir alle hoffentlich!

1
Selbst die Saatkrähe pickt nicht mehr am Rand.
Sie flog mit einem Zettel im Schnabel
in die Windräder auf.

2
Baute dort ihr Nest. In der Hoffnung. Möge der
Güllebrand nicht alles Land, atom-, gülleverseucht
in die Abgründe heben.

3
Noch lebt das Licht beim Flügelschlage der Wind-
Räder Knarren. Noch keimt der Frühling
bienenlos das Unkraut in die Wüstenei.

4
Und der Dollar lockt den Massekredit herbei!
Bis die Erde endfrei, vom Saatgut, und der
Schinderei, Gemüse anzubauen.

5
Die Atombombe von Hiroschima tauchte vor meinen
Augen auf. Die Herren der Chemie-Autoren
lobten sich die Scheine von Schoß zu Schoß und
bauten ihren Mais an, auf den Dächern der Nobelvillen.

6
Vernunft?
Frag die Saatkrähe.
Frag die Biene.
Ich frage die Hummel, die noch
vorjährig mit ihrem Summen
meine Stille auf dem Balkon verzauberte.

7
Jetzt ist alles totenstill.
Bin ich noch da?
Es blieb mein Wort, bis die Not
die Bücher, das Papier verbrennt,
um den Villen der eingekreisten Beton-Villen-Idylle
im Winter Wärme zu spenden.

8
Und die Flüchtlinge?
Das waren schon lange:
Alle ... W I R!

Holzwege

W. Dilthey: »Eine einzige, ich möchte sagen morphologische Betrachtungsweise geht durch alle diese Generalisationen hindurch und führte zu Begriffen von neuer Tiefe. Die allgemeinen Wahrheiten bilden nach diesem Standpunkt nicht die Grundlage der Geisteswissenschaften, sondern ihr letztes Ergebnis.«

Die Morphologie, die äußere Gestalt betreffend, treibt alles durch sämtliche Allgemeinheiten hindurch, um Wort zu werden. Ist es Wort endlich geworden, streiten sich Götzen und Götter um die Macht der Wahrheit, als Endprodukt einer unendlichen Straße über irgendwelche Wörter an die Kerne des Geistes, der Seele usf. heranzukommen.

Das ist das gefährliche Spiel. (W. D.) »Die Geisteswissenschaftler sind so fundiert in diesem Zusammenhang vom *Leben, Ausdruck* und *Verstehen* zu sprechen.«

Ich gehe am Rande, jedes Wortes, auf und ab, um irgendeinen Eingang zu finden. Und wenn man glaubt – zu wissen –, man ist eingetreten, dann steht man vor einem NEUEN Wort und bemerkt, dass es Dasselbe ist.

Dilthey sagt: »In dem Moment sind wir selber Natur, und die Natur wirkt in uns!«

Ich bezeichne diesen Schritt eher als eine Zirkeldefinition, bei dem der zu definierende Begriff in der Definition selbst wieder auftritt, also dasselbe durch dasselbe erklärt wird (lat. idem per idem). Circulus vitiosus, lat. der Kreis.

Also setze ich mich wieder in einen Zug, schaue nach vorn und sehe, wie die Parallele in der Unendlichkeit eins wird, ein neuer Anfang. Schaue ich zurück: das gleiche Bild. Dort, wo die Parallele rückschauend ebenso in der Zusammenfaltung der Gleise – Einheit – Ende wird, dort beginnt die Suche nach neuer Erkenntnis. An der Stelle der Erkenntnis wird das Wort dir zum Wegweiser; Anfang und Ende im Kreise als eine Einheit zu betrachten. … Holzwege … und dort begann meine Zerstörung dieser blinden Eingaben ständig um »der Erde Rund« die Gleise zu öffnen und zu schließen, um in meiner unendlichen Parallele sämtliche Gleise auch seitlich zu öffnen, die gerundeten Blickwinkel, am Ende des Augensehens aufzugeben; um dem neuen Sehen wortlos einen neuen Namen und doch so alten Wert zu geben – zu leben!

(W. D.) »Die Lebenseinheit ist sich selbstbekannt durch dasselbe Doppelverhältnis von Erleben und Verstehen.«

Aber? Erleben und Verstehen sind im Urtext – beide – Wörter!

Die Form des Rechtes – Imperative –, so spricht Dilthey weiter, um über die Allgemeinheit – sie – zu erzwingen!

Wie finde ich ganz oberflächlich an dieser Stelle –gedacht – zu meinem Wort »meine Liebe im Zeichen des Wortes« zurück; oder musisch ständig voraus? Die Modalitäten sind gesetzt … als ERGON – Stillstand – für die Masse. Der Einzelne lebt in der ENERGEIA, dem Fortschreiten, so meint der Philosoph, und befindet sich auf dem Holzwege.

Was ein Holzweg ist? Ein Wort? Nein. Hier läuft etwas ganz anderes ab. Wurde ein Baum gefällt, dann zogen Pferde die Stämme aus dem Wald heraus; das war »der Weg des Holzes«. Nach Tagen, Wochen, Monden, waren diese Schneisen – hinaus und hinein – zugewachsen, teilweise unerkennbar geworden, und man suchte einen neuen Weg; der auch der alte konnte sein. Das ist also ganz grob gesagt die Verwirklichung der Ursachen und Wirkungen eines Weges, um das Wort aus dem Dunkel des Unterholzes an den Rand des Lichtes zu bringen. »Erleben und Verstehen« sind hier EINS! Aber man muss diesen Weg gehen, sonst bleibt man im Unterholz, und man will doch ans Licht, um den Stamm (hier das Wort) zu einem Tisch, einem Stuhl, zu Zündhölzern, Bahngleisbohlen,

Weidezäunen oder gar Wegweisern, wie man zu diesen Holzwegen über Stadt und Land, Dörfern hingelangen kann, zu machen. Oder, er, der Stamm wird diese Seite Papier, auf der ich mich auslasse, näher auf die ganze Tiefe eines Holzweges hinzuweisen.

»Wir sind selber Natur, und die Natur wirkt in uns.« (W. D.) Hier wird das Erleben und Verstehen jene Einheit, die mich weder zum Philosophen noch zum Lyriker machte. Ich sitze am Waldessaum und beobachte die Schneisen dieser Holzwege, wie die Natur diese Räume mit Gras, Buschwerk und auch wundervollen Blumen schließt. Dort ist mein Wort ZUHAUSE, und ich bin selbst nur Natur, wortlos wie das Keimen, das die tretenden Pferdehufe, Traktorenreifen in den Boden ritzten: aufzufüllen mit Gedanken! Natur – ein Wort – mehr nicht! …

An dieser Stelle traf ich Goethe, der etwas anders seine Worte zu Zeichen für die Allgemeinheit umsetzte! »Es wird eigentlich durch das Wort zunehmend nichts bestimmt, befehlt und festgesetzt, es ist nur eine Bedeutung, um den Gegenstand in der Einbildungskraft hervorzurufen.«

Wobei der Holzweg, als eine Gesamteinheit, ihn, mir ständig vor Augen zu halten, um das Augensehen mit dem tieferen SEHEN nie zu verwechseln. Wie sagte doch ein Philosoph? »Wir müssen wieder sehen lernen!« Also auf ins Unterholz, dort, wo der Stamm, das Wort, verborgen schlummert, abgeholzt. Lee Whorf sagt: »Dass ein Wort tatsächlich eine genaue Bedeutung HAT, für ein gegebenes Ding steht, ist lediglich ein Wert einer Variablen.«

In diesem Sinne wird mein Wort Teil des Waldes (Sprache) sein und auch bleiben. Ich gehe hinein und bin doch außen vor, Teil des Waldes, wenn auch nur auf dem Holzweg, zu sein. Meine Spur ist bedächtig und hinterlässt keine Schleifspur, wie Pferd und Wagen, die ans Licht wollen.

Musik ist auch eine Quasisprache so, in meinem Sinne gehe

ich bedacht, sehend über meine blühende Wiese: Wort bei Wort, auch wenn sie den Philosophen nur Variablen sind! Liebe zur Wahrheit? Nein! Einfach nur SEHEN, um Wortloses zu verstehen, wie die Waldwege im Sonnenschein!

Protagoras
»Der Mensch ist das Maß aller Dinge!«

***

Dem ist mir so ins Wort gegeben
ein Trugschluss jener Zirkeldefinition
bei dem der Ansager selbst will leben
er selbst setzt sein Wort auf den Thron

die Welt für den Menschen allein geweiht!
Dort wird das Maß aller Dinge
vom Menschen ausgegeben gefeit
sich selbst zu geben das Maß, die Ringe

dem Kreislauf Glaube mit Wissen zu betäuben.
Circulus vitiosus bedeutet:
Es fließt das Wort in sich zurück

um aufs Neue beginnend das Licht zu betäuben
den Sinnspruch, der das Wesen häutet:
Geber und Nehmer sitzen in einer Hand – im Stück!

Licht tönt aus dem Wald heraus.
Das Gras beblümt – meine Hand –
sie, die gegeben baut der Wörter Haus
im stillen steten Mauerverband.

Kurios ist die Natur im Abenddämmer
sich im Glutball der Sonne zu röten
als ob die Nacht nicht wie die Lämmer
im Stall den Tag beflöten

er, der ihnen brachte das Gesicht
eine Attrappe Antlitz als Morgenkühle
zu bolzen das Wort aus dem Wald heraus.

Der tötenden Masse Gischt
jenen Keim zu regen, der die Schwüle
überwindet, das Kategorien: Garaus.

Wenn die Hände
wahrhaft geöffnet werden
erlöst die Glut die Wände
in sich, das Selbst auf Erden

der Geisterhände Lauf.
In allen Sinnen
ist der – Holzweg – nur ein Hauf':
das Herdeneinmaleins zu beginnen.

Zu erlösen den Müll
auf der Gräser – Waldesallee!
Blume, Büschel zu werden.

Fort der ganze gezwungene Tüll.
Die Dunkelheit in jenem Intervalle
zu erlösen … die Natur auf Erden:

… das eigentliche WERDEN …

1
Holzwege, Lichtschneisen in die Dunkelheit
hinein, aber auch hinaus.

2
Jeder Riss in die Erdkruste ist das Latein
mittelalterlicher Zeit, umkost vom
Menschlichsein.

3
Ich sehe Licht, sprach das Licht.
Und es war nur eine Schneise:
Dein Wort!

4
Gestern Ausgang. Aus dem Dickicht hinaus.
Heute wuchert die Zeit ihr Wort dir
in den Mund: Natur!

5
Menschen aber zogen diese Schneisen
das Gut – Holz (Wort) – gerodet, dem Wald
zu entreißen: Sie blieben auf Stümpfen
sitzen. Ihre Zeit war zu knapp.

6
Auf den Stümpfen der gerodeten Riesen
fiel ein – der Pilz – vermoderte den Rest.

7
Und der Rest, das Wort, ist der Beginn
des hinterlegten Kreises. Keime
wie beim Wörtchen »Liebe« lichtete
die bunte Welt im Moder dahin: Ende als Beginn!
Ein Holzweg im Sinne des Wortes: N a t u r .

8
Hier ruhe ich aus. An der Stelle beginnt nämlich das
Königliche, die Geburt des Wortes in sich!

Auf der liegenden Acht – oo –
ziehe ich im Alter meine Kreise.
Gehe mit Bedacht
auf meinen Sohlen, leise

hinein in die Rodung am Saum.
Da lag, was Jahrhunderte den Wald
an dieser Stelle gab sein Gesicht. Kaum
knatterte die Motorensäge ohne Halt

eine Allee, eine Schneise
in das Unterholz. Vereinsamt
liegen meine beiden Kreise am Saum

der Furt, die das Pferd zog, diese Gleise
in der Mutterboden Festgewand
diesen Saum für jeden einzelnen Baum!

So ziehe auch ich in den Tag, und zitiere
Lee Whorf: »Sprache sei, so königlich auch
ihre Rolle ist, gewissermaßen nur ein
oberflächliches Muster tieferer Bewusstseins-
prozesse.«
Wie aber komme ich an das Königliche heran?
Nicht über in sich selbst aufgebende Hinweise,
etwas Königliches – mit der Sprache – zu besitzen!
Heraklit fiel mir ein: »Die Sonne jung
Tag für Tag ... entzündet sich und erlischt« ...
So sehe ich mein Wort!

1
Tiefe Schneisen zog das Wort. Und ich? Nur daneben.

2
Ist der Holzweg frei, schau, wie die neuen
Blumen – Gedanken – sich formen, um diesen Weg
wieder zu schließen.

3
Das Gedachte liegt gerodet am Waldessaume: Holz –
ein Blatt Papier ...!

4
Der Weg hinein. Gehst du ihn? Dann befindest du dich
alsbald an jenem Ort, wo der Stamm gefällt:
Ziffer wurde, irgendeine Zahl.

5
Der Weg aus dem Dickicht heraus, er ist dir
kürzest gegeben! Nutze die Zeit.

6
Die Hand, die das Wort dann zu Papier bringt, sie
ist dieser Gordische Knoten.
Zerschlage ihn nicht. Das ist nur die »brutale Lösung«,
dem dummen Volk die rote Clownsnase aufzusetzen,
den Holzweg gelöst zu haben.

8
Der, der den Knoten knüpfte, hat vom
»Lösen« gesprochen, nicht vom Zerschlagen,
Zerschmettern. Sagt der Mächtigste: »gelöst«,
dann beugt sich das Volk im Zerschlagen
die Lösung zu verstehn! So wird Glaube zum Wissen:
so die Gesetze und die Religion?
Und der Holzweg wird zum wahren Gedankenspiel.
Jedes Wort, das aus dem Dickicht heraus ist: musst du
Tag um Tag aufs Neue durchleben. Denn?
Sprache ist für den, der stehen bleibt, ein ERGON,
ein Dickicht, dort, wo Zerschlagen mit
Lösen gleichgesetzt wird. Das Königliche aber ist
das Fortschreiten: QUINE (1908–2000), ein
amerikanischer Philosoph, spricht darüber Folgendes:
»Wissenschaft ist ein rein selbst korrigierender Prozess
methodisch betriebener Wahrheitssuche!«

9
Hier beginnt die Praxis den Holzweg als seinen
alten zu benutzen, um den neuen Weg mit den Mitteln
des offenen Sehens ständig neu zu erfinden, und sei's
über den alten vorgezeichneten, in Blüte stehenden
alten Pfad: Wort bei Wort und doch jedes in sich NEU!

10
»Steigen wir hinein in die gleichen Ströme,
fließt anderes und anderes Wasser hinzu!«
So ende ich HIER mit Heraklit und beziehe
mich auf Holzwege, Wörter usw.!

11
Jedes Unvollendete hat im Anfang
sein Ende und beginnt dort
immer mit einem Wort ...
Ein Tröpfchen Wasser in den Fluss
des Lebens ist, zum Beispiel das Zeichen: Zeit!

12
Euklid sagt:
»Dort wo drei Punkte nicht auf einer
Linie liegen, beschreiben sie einen Kreis!«
Damit ist Teil 4 meiner SAGA um
»Meine Liebe zum Wort« Bestandteil der Ewigkeit ...
und doch! Das vollkommene Unvollkommene ... Mein Ich!

13
Dieses Wissen überflügelt die Zeit.

14
Der Gedanke: nur das Wort im Wort zu
lieben, er findet HIER seine Ruh!

15
Rilke schrieb einst:»Der Atem, das unbekannte
Gedicht …!«so oder ähnlich ende ich im VERS:
»Ich weiß, dass ich nichts weiß« und schließe mich
Sokrates an: Das Unvollkommene (hier die Sprache)
erkannt zu haben, als Möglichkeit, den anderen
jenseits aller Kategorien auf dem Wege des
Verstehenwollens anzutreffen … Bis bald
bei einem Wort auf unsrer lieben alten Mutter Erde!
So ende ich mit einem Ausspruch von L. Whorf:
»Ein Zeichen kann nur dann sinnvoll gebraucht werden,
wenn es systematisch geordnete Beziehungen zu anderen
Zeichen hat.«
Hier wird mein Gedanke zur Quasisprache; meine
lyrische Lebensphilosophie!

X–A

Unvollendetes ist im Glanz
der Quasisprache SEHEN
ein Musikstück voller Tanz
und blindem Verstehen.

Ich atme ein, dein Wort.
Es ist ein Händegeben
zu erkennen jenen Hort
der Seele offnes Geben

die geistige Grundlage
am Rande zu stehen
Holzwege als Wort zu betrachten!

Dann, mit einem Schlage
wirst du auf blühenden Alleen
seligst wissend übernachten!

***

Tag und Nacht vereinten sich.
Von X bis A und auch zurück!